JN074553

特別償却 or 税額控除?

ケースでわかる
中小企業が使える
優遇税制の選択

アクタス税理士法人 編

中央経済社

はじめに

　国税庁が公表している令和元年度分の会社標本調査によると，日本には約275万社の法人があり，そのうち資本金が１億円以下の中小企業は約273万社となっています。日本の法人の99％以上は中小企業であるということになりますが，中小企業に対しては大企業とは異なる種々の税制上の優遇措置が設けられています。

　中小企業が適用できる税制上の優遇措置には，法人税の軽減税率，交際費等の損金不算入制度における定額控除限度額など，全ての中小企業において特段の要件を必要とせずに適用できる制度や，特別償却や税額控除など，一定の要件を満たした場合にのみ適用を受けることができる制度があります。

　本書では，設備投資を行った場合に適用することができる特別償却及び税額控除のうち，多くの中小企業において活用されている中小企業投資促進税制と中小企業経営強化税制について解説しています。
　また，これら２つの制度に加えて，令和３年度税制改正において新たに創設されたデジタルトランスフォーメーション投資促進税制について解説しています。デジタルトランスフォーメーション投資促進税制は，産業構造転換として最も必要性が高いデジタルシフトによる事業再構築やデジタル技術を活用した企業変革の推進を後押ししていくために創設された制度です。本制度は，大企業においても活用することができる制度ですが，中小企業における活用についても期待されています。

これら3つの制度は，いずれも特別償却及び税額控除のいずれかを選択することが可能です。第1章では，特別償却と税額控除の仕組みと両者の違い，選択の有利不利について解説しています。第2章では，各制度の詳細を解説し，第3章では各制度の適用における留意点をQ＆A形式で解説しています。

　中小企業において本書で掲げた制度が十分に活用され，中小企業の発展と中小企業を支援する方々への一助となれば幸いです。

　最後に，本書刊行にあたり執筆の機会をいただきました株式会社中央経済社の牲川健志氏をはじめ，編集部の皆様にこの場をお借りして心から感謝を申し上げます。

2022年4月

アクタス税理士法人
執筆者一同

目　次

第3章 実践！ 特別償却 or 税額控除 ？

第 1 章

特別償却 と 税額控除 の仕組み

1 特別償却とは？

1 制度の趣旨

(1) 特別償却制度の概要

　法人が減価償却資産を取得した場合には，減価償却費として損金経理した金額のうち，税務上定められた償却方法に基づき計算した償却限度額（以下「普通償却限度額」といいます）に達するまでの金額が損金の額に算入されることとなります。

　これに対し，租税特別措置法に規定する特別償却制度は，環境対策や中小企業対策などの政策上の要請により，法人が特定の減価償却資産を取得したときに，特例として，普通償却限度額とは別枠で所定の金額を損金の額に算入することができるというものです。

(2) 特別償却制度活用の効果

　特別償却制度を活用することで，特別償却対象資産を購入した事業年度の課税所得を圧縮する効果があるため，法人税の節税につながります。

　なお，特別償却を実施した事業年度の翌事業年度以後においては，普通償却は通常どおり実施されますが，その特別償却対象資産の耐用年数を経過した時点のトータルの減価償却費は，普通償却だけを実施した場合と特別償却を実施した場合とではどちらも変わらないことになります。つまり特別償却には減価償却費の前倒し計上という効果があり，実質的には，国から節税効果を通じて無利子で融資を受けていると言えます。

2 特別償却の種類

　特別償却の対象となる減価償却資産の償却限度額は，普通償却限度額と特別償却限度額の合計額となります。

　特別償却限度額の計算方法には，以下の特別償却と割増償却の2つの方法があります。特別償却は特別償却対象資産を取得し事業の用に供した事業年度においてのみ適用が認められますが，割増償却は事業の用に供した事業年度のみでなく各制度で規定された一定の事業年度で適用が認められます。

(1) 特別償却

償却限度額	償却限度額＝特別償却対象資産の取得価額×一定割合
特別償却の種類 （租税特別措置法上，右の制度が設けられています）	（イ）中小企業者等が機械等を取得した場合の特別償却（措法42の6） （ロ）国家戦略特別区域において機械等を取得した場合の特別償却（措法42の10） （ハ）国際戦略総合特別区域において機械等を取得した場合の特別償却（措法42の11） （ニ）地域経済牽引事業の促進区域内において特定事業用機械等を取得した場合の特別償却（措法42の11の2） （ホ）地方活力向上地域等において特定建物等を取得した場合の特別償却（措法42の11の3） （ヘ）中小企業者等が特定経営力向上設備等を取得した場合の特別償却（措法42の12の4） （ト）認定特定高度情報通信技術活用設備を取得した場合の特別償却（措法42の12の6） （チ）事業適応設備を取得した場合等の特別償却（措法42

の12の7）

（リ）　生産工程効率化等設備等を取得した場合の特別償却
　　　　（措法42の12の7）

（ヌ）　特定船舶の特別償却（措法43）

（ル）　港湾隣接地域における技術基準適合施設の特別償却
　　　　（措法43の2）

（ヲ）　被災代替資産等の特別償却（措法43の3）

（ワ）　関西文化学術研究都市の文化学術研究地区における
　　　　文化学術研究施設の特別償却（措法44）

（カ）　特定事業継続力強化設備等の特別償却（措法44の2）

（ヨ）　共同利用施設の特別償却（措法44の3）

（タ）　特定地域における工業用機械等の特別償却（措法45）

（レ）　医療用機器等の特別償却（措法45の2）

(2)　割増償却

償却限度額	償却限度額＝特別償却対象資産の普通償却限度額 　　　　　　　×一定割合
割増償却の種類 （租税特別措置法 上，右の制度が設 けられています）	（イ）　障害者を雇用する場合の特定機械装置の割増償却 　　　　（措法46） （ロ）　事業再編計画の認定を受けた場合の事業再編促進機 　　　　械等の割増償却（措法46の2） （ハ）　特定都市再生建築物の割増償却（措法47） （ニ）　倉庫用建物等の割増償却（措法48）

③ 特別償却の会計処理

(1) 会計処理の概要

　法人が特別償却を行う場合には，通常の減価償却と同様に確定した決算において損金経理する必要があり，その損金経理をした金額のうち特別償却限度額に達するまでの金額が課税所得の金額の計算上，損金の額に算入されることとなります（以下「損金経理方式」といいます）。

　しかし，特別償却は税法上の政策的な要請に基づく減価償却費の早期償却であるため，適正な期間損益計算を求める企業会計と相反するものとなります。そこで，税法と企業会計の調整を図るため，特別償却準備金として積み立てる方法が認められています。

(2) 特別償却準備金として積み立てる方法

　特別償却準備金による特別償却制度は，法人が特別償却を行うことに代えて，特別償却限度額（割増償却限度額を含みます）以下の金額を特別償却準備金として，損金経理又は剰余金の処分として積み立てる方法により積み立てたときは，その積立額の損金算入を認めるというものです。

　なお，積立額はその積み立てをした事業年度の翌事業年度以降一定の期間にわたって均等に取り崩して益金の額に算入することとなります。

① 準備金の積立方法
　特別償却準備金の積み立ては，次のいずれかの方法によって行います。
（イ）　確定した決算において損金経理により積み立てる方法（以下「準備金方式」といいます）
（ロ）　決算確定の日までに剰余金の処分により積み立てる方法（以下「剰余金処分方式」といいます）
　また，特別償却準備金の積立額を損金算入するには，その事業年度の確

定申告書等に特別償却準備金として積み立てた金額の損金算入に関する申告の記載があり，かつ，その積み立てた金額の計算に関する明細（別表16 (9)「特別償却準備金の損金算入に関する明細書」）を添付する必要があります。

＜仕訳例＞

準備金方式

借方		貸方	
減価償却費（PL）	×××	特別償却準備金	×××

（※１）準備金方式による特別償却準備金は貸借対照表の負債の部に計上されます。

剰余金処分方式

借方		貸方	
繰越利益剰余金	×××	特別償却準備金	×××

（※１）剰余金処分方式による特別償却準備金は貸借対照表の純資産の部に計上されます。

（※２）剰余金処分方式による場合，特別償却準備金の積立額を法人税申告書別表４において，課税所得から減算調整する処理を行います。

　② 準備金の取崩し

　準備金方式又は剰余金処分方式による特別償却準備金の積み立てを行った場合には，減価償却資産の取得価額を減額していないため，特別償却準備金に相当する帳簿価額についても減価償却をすることとなります。このため，特別償却準備金を一定の期間で取り崩し，益金の額に算入することとなります。

取崩期間	特別償却準備金の積立額は，その積み立てられた事業年度別に原則として7年間にわたって均等額を取り崩して益金の額に算入することとなります。 　なお，耐用年数が10年未満の資産については，5年間又は耐用年数のいずれか短い年数にわたって均等額を取り崩して益金の額に算入することとなります。
算式	$$益金算入額 = 損金算入した各事業年度別の積立額 \times \frac{その事業年度の月数}{84（耐用年数が10年未満の資産は，60とその耐用年数 \times 12のいずれか少ない月数）}$$ （※1）月数は暦に従って計算し，1か月に満たない端数は，これを1か月とします。 （※2）益金算入額が，繰り越された特別償却準備金の金額を超えるときは，その金額が限度となります。

特別償却準備金を有する法人が，次のいずれかに該当することとなった場合（適格合併等により特別償却対象資産を移転した場合を除きます）には，次に掲げる金額を，その該当することとなった事業年度の益金の額に算入することとなります。

任意取崩等		対象事由	益金算入額
	㋑	特別償却準備金に係る特別償却対象資産を有しないこととなった場合（㋺に該当する場合を除く）	その有しなくなった日における特別償却対象資産に係る特別償却準備金の金額
	㋺	合併又は現物分配（残余財産の全部の分配に限る）により合併法人又は被現物分配法人に特別償却対象資産を移転した場合	その合併の直前又はその現物分配に係る残余財産の確定の時における特別償却対象資産に係る特別償却準備金の金額

	㋩	㋑及び㋺以外で特別償却対象資産に係る特別償却準備金の金額を取り崩した場合（任意取崩し）	その取り崩した日における特別償却対象資産に係る特別償却準備金の金額のうちその取り崩した金額に相当する金額

（※3）㋺の場合には，合併の日の前日，残余財産の全部の分配である現物分配に係るその残余財産の確定の日を含む事業年度の益金の額に算入することとなります。

③ 特別償却準備金（剰余金処分方式）のメリット

　法人が設備投資を行う場合，特別償却制度の適用を受けることにより特別償却対象資産の事業供用年度の税負担額を軽減することができます。

　ただし，損金経理方式及び準備金方式による場合には多額の減価償却費が計上されることとなるため，特別償却費分当期純利益が減少し，自己資本比率も減少することになります。

　一方，剰余金処分方式による場合は，損益計算書上の特別償却費が計上されないため，当期純利益が減少することもなく，また特別償却準備金は純資産の部に計上されるため，自己資本比率が減少することもありません。

　税負担の軽減効果は同様ですので，どの方式によるかは会計上の影響を考慮して慎重に選択する必要があります。

④ 特別償却不足額の繰越制度

　特別償却制度は，政策上の要請により減価償却費を増加させることで設備投資資産への投下資本の回収を早期化して，資金繰りを緩和させることを目的としています。

　しかし，会社の業績によっては，一事業年度で特別償却限度額相当額を損金経理することが効果的でないことも想定されるため，一定期間，特別

償却不足額の繰り越しが認められています。

(1) 特別償却不足額

　「特別償却不足額」とは，その事業年度開始の日前 1 年以内に開始した各事業年度において生じた特別償却対象資産の「特別償却限度額に係る不足額」のうち，その事業年度前の当該各事業年度の所得の金額の計算上，損金の額に算入された金額以外の金額をいいます。

　また，「特別償却限度額に係る不足額」とは，その特別償却対象資産の償却費として損金の額に算入された金額が，その特別償却対象資産の普通償却限度額と特別償却限度額との合計額に満たない場合のその差額のうち，その特別償却限度額に達するまでの金額をいいます。

① 合併法人等への引継ぎ

　法人が適格合併等により特別償却対象資産の移転を受けた場合において，その特別償却対象資産につき被合併法人等で生じた合併等特別償却不足額があるときは，その移転を受けた日を含む事業年度における償却限度額は，普通償却限度額に合併等特別償却不足額を加算した金額となります。

② 合併等特別償却不足額

　合併等特別償却不足額とは，適格合併等に係る被合併法人等のその適格合併等の日（適格合併にあってはその適格合併の日の前日，残余財産の全部の分配に該当する適格現物分配にあってはその適格現物分配に係る残余財産確定の日）を含む事業年度における特別償却対象資産の償却費として損金の額に算入された金額が，その特別償却対象資産に関する規定により計算される償却限度額に満たない場合のその差額のうち，特別償却限度額に達するまでの金額をいいます。

＜計算例＞

- 特別償却対象資産の取得価額：1,000

- 普通償却限度額：200
- 特別償却限度額：300
- 当期償却費：150^{（※）}
    - （イ）償却限度額：200＋300＝500
    - （ロ）償却不足額：500－150＝350
    - （ハ）特別償却不足額：300（（ロ）＞特別償却限度額300）
  - （※）当期償却費150は，税務上は普通償却限度額に充当したものとなります。

(2) 特別償却不足額がある場合の償却限度額

特別償却不足額がある場合の償却限度額の計算は，次の算式により計算した金額となります。

＜算式＞

$$償却限度額 = 普通償却限度額 + \frac{特別償却不足額}{又は合併等特別償却不足額}$$

普通償却限度額は，次の資産区分別に，それぞれに掲げる金額となります。

	資産の区分	普通償却限度額
（イ）	旧定率法又は定率法を採用している減価償却資産	その資産に係る特別償却不足額又は合併等特別償却不足額がすでに償却されたものとみなして，その資産につき旧定率法又は定率法により計算した場合のその事業年度の普通償却限度額に相当する金額
（ロ）	取替法（取得価額の50％に相当する金額までを旧定率法又は定率法により	取得価額の50％に達するまで償却するものとされている資産に係る特別償却不足額又は合併等特別償却不足額がすでに償却され

	計算すべきものとされているものに限ります）を採用している減価償却資産	たものとみなして，その資産につき取替法により計算した場合のその事業年度の普通償却限度額に相当する金額
（ハ）	（イ）及び（ロ）に定める方法以外の償却方法を採用している減価償却資産	その資産につきその償却の方法により計算したその事業年度の普通償却限度額に相当する金額

(3) 対象法人

原則として，特別償却対象資産の特別償却限度額に係る不足額が生じた事業年度から特別償却不足額がある場合の償却限度額の計算の特例の適用を受ける事業年度まで連続して青色申告書を提出している法人です。

(4) 繰越期間

その事業年度開始の日前1年以内に開始した各事業年度において生じた特別償却不足額について，適用が認められます。すなわち，繰越期間は1年間となります。

(5) 適用要件

特別償却対象資産の特別償却限度額に係る不足額が生じた事業年度からこの特例を受ける事業年度（以下「適用事業年度」といいます）の直前の事業年度までの各事業年度の確定申告書及び適用事業年度の確定申告書等に，減価償却資産の償却限度額の計算に関する明細書，具体的には法人税申告書別表16⑴又は⑵を添付しなければなりません。

（※）合併等特別償却不足額の引継ぎの特例の適用を受ける場合には，その適用を受ける事業年度の確定申告書等に特別償却対象資産の償却限度額及び合併等特別償却不足額の計算に関する明細書を添付しなければなりません。

⑹ 特別償却準備金に係る積立不足額の繰越し

　損金経理方式による特別償却不足額の取扱いと同様に，特別償却準備金の積立額として損金の額に算入された金額がその特別償却限度額に満たない場合には，１年間その特別償却準備金積立不足額の繰越しが認められています。

　なお，特別償却準備金積立不足額には，合併等特別償却準備金積立不足額を含むこととされています。

（※）合併等特別償却準備金積立不足額とは，適格合併等に係る被合併法人等がその適格合併等の日（適格合併にあってはその適格合併の日の前日とし，残余財産の全部の分配に該当する適格現物分配にあってはその適格現物分配に係る残余財産の確定の日）を含む事業年度における特別償却準備金の積立額として損金の額に算入された金額が，その特別償却限度額に満たない場合のその差額のうち，特別償却限度額に達するまでの金額をいいます。

2 税額控除とは？

1 制度の趣旨

(1) 税額控除制度の概要

　法人税の額は，原則として各事業年度の所得に対して法人税率を乗じて計算した金額となります。ただし，環境対策や中小企業対策，雇用対策などの政策上の要請に対して，法人が租税特別措置法に規定する特定の減価償却資産を取得した場合その他一定の要件を満たした場合には，特例としてその法人が納めるべき法人税額から一定の金額を控除（以下「税額控除」といいます）することができます。

(2) 税額控除制度活用の効果

　特別償却は，設備投資初年度において特別償却を実施することによりその年度の節税効果を得ることができます。しかし，減価償却資産の償却期間全体で考えた場合には，通常の減価償却を実施した場合と比べて損金の額の算入される金額は同額となり，課税の繰り延べと考えることができます。

　一方，税額控除は，納めるべき法人税額から一定の金額を控除できることに加え，取得した減価償却資産に係る減価償却費についても通常どおり損金の額に算入することができます。

　いったん適用した税額控除の金額については，原則として将来取り戻されることはなく，その節税効果は永久に続くこととなります。

② 税額控除の種類

税額控除については，租税特別措置法上，以下の制度が設けられています。

① 試験研究を行った場合の法人税額の特別控除（措法42の4）
② 中小企業者等が機械等を取得した場合の法人税額の特別控除（措法42の6）
③ 沖縄の特定地域において工業用機械等を取得した場合の法人税額の特別控除（措法42の9）
④ 国家戦略特別区域において機械等を取得した場合の法人税額の特別控除（措法42の10）
⑤ 国際戦略総合特別区域において機械等を取得した場合の法人税額の特別控除（措法42の11）
⑥ 地域経済牽引事業の促進区域内において特定事業用機械等を取得した場合の法人税額の特別控除（措法42の11の2）
⑦ 地方活力向上地域等において特定建物等を取得した場合の法人税額の特別控除（措法42の11の3）
⑧ 地方活力向上地域等において雇用者の数が増加した場合の法人税額の特別控除（措法42の12）
⑨ 認定地方公共団体の寄附活用事業に関連する寄附をした場合の法人税額の特別控除（措法42の12の2）
⑩ 中小企業者等が特定経営力向上設備等を取得した場合の法人税額の特別控除（措法42の12の4）
⑪ 給与等の支給額が増加した場合の法人税額の特別控除（措法42の12の5）

⑫　認定特定高度情報通信技術活用設備を取得した場合の法人税額の特別控除（措法42の12の６）

⑬　事業適応設備を取得した場合等の法人税額の特別控除（措法42の12の７）

⑭　生産工程効率化等設備等を取得した場合の法人税額の特別控除（措法42の12の７）

③　税額控除限度額の繰越制度

(1)　税額控除ができなかった場合の繰越し

　法人が一の事業年度において，租税特別措置法における税額控除制度の規定の適用を受けようとする場合において，各税額控除制度の規定に基づき計算した税額控除限度額がその各税額控除制度に定める調整前法人税額に一定の割合を乗じた金額に相当する金額を超えるときは，その超える部分の金額は，当期の法人税額から控除せずに，各税額控除制度の繰越税額控除限度超過額として翌事業年度以降の一定期間にわたり繰越控除することができることとされています。

(2)　繰越しができる制度とできない制度がある

　税額控除制度における税額控除限度超過額については，租税特別措置法における全ての税額控除制度で認められているわけではありません。各税額控除制度の繰越控除の可否については，次のとおりです。

○ 繰越控除ができる	× 繰越控除ができない
■中小企業者等が機械等を取得した場合の法人税額の特別控除 ■沖縄の特定地域において工業用機械等を取得した場合の法人税額の特別控除 ■中小企業者等が特定経営力向上設備等を取得した場合の法人税額の特別控除	■試験研究を行った場合の法人税額の特別控除 ■国家戦略特別区域において機械等を取得した場合の法人税額の特別控除 ■国際戦略総合特別区域において機械等を取得した場合の法人税額の特別控除 ■地域経済牽引事業の促進区域内において特定事業用機械等を取得した場合の法人税額の特別控除 ■地方活力向上地域等において特定建物等を取得した場合の法人税額の特別控除 ■地方活力向上地域等において雇用者の数が増加した場合の法人税額の特別控除 ■認定地方公共団体の寄附活用事業に関連する寄附をした場合の法人税額の特別控除 ■給与等の支給額が増加した場合の法人税額の特別控除 ■認定特定高度情報通信技術活用設備を取得した場合の法人税額の特別控除 ■事業適応設備を取得した場合等の法人税額の特別控除 ■生産工程効率化等設備等を取得した場合の法人税額の特別控除

3　特別償却と税額控除の違い

① 主な違いは３つ

　租税特別措置法上，一定の設備投資等をしたときに特別償却と税額控除のいずれかを選択して適用することができる場合があります。

　特別償却と税額控除はいずれも，国からの政策上の要請に対して一定の要件を満たした場合に適用を受けることができる税制上の優遇措置です。この２つの違いは，ここまで解説してきたとおり，特別償却は，通常の減価償却費とは別に，一定額を上乗せした金額を減価償却できる制度であるのに対し，税額控除は，納めるべき法人税額から一定の金額を控除することができる制度です。

　どちらも設備投資等をした事業年度の法人税額を引き下げる効果があるという共通点がある一方で，以下の点で異なります。

① 特別償却は課税を繰り延べる制度であるのに対して，税額控除は適用を受けた後，原則としてその控除額相当額を取り戻されることはない制度です。

② 特別償却は課税所得がマイナスである事業年度においても適用を受けることができますが，税額控除は納付すべき法人税額がない場合にはその節税効果はありません。

③ 特別償却は特別償却不足額を翌事業年度に繰り越すことができますが，税額控除は翌事業年度に繰り越すことができる制度が限られています。

② 特別償却か税額控除かを選択できる場合の有利・不利，判断のポイント

特別償却と税額控除のいずれかを選択することができる場合に，どちらの制度を選択すべきかの判断が必要となりますが，有利・不利の判定については，その法人の置かれた状況によって異なってきます。

(1) 基本的には税額控除が有利になる

特別償却は，将来の減価償却費を前倒しで損金の額に算入することが可能となるというメリットがあります。ただし，あくまで減価償却費の前倒し計上であるため，翌事業年度以降の減価償却費は特別償却相当分だけ減少することとなり，耐用年数を経過した時点で損金の額に算入される減価償却費の合計額は特別償却を適用した場合と適用しなかった場合いずれも同額となります。

つまり，特別償却は課税の繰り延べの効果はありますが，償却期間全体で考えると節税効果はありません。

一方，税額控除を選択した場合には，その税額控除の対象となる固定資産については通常の減価償却費を損金の額に算入し，さらに納めるべき法人税額から一定の金額を控除することができることとなります。

つまり，償却期間全体で考えれば特別償却を選択した場合と同額の減価償却費を損金の額に算入することができるため，通常は税額控除を選択したほうが有利になると想定されます。

＜計算例＞

次の条件で，特別償却と税額控除を比較すると，特別償却を選択した場合は1年目の納税額は税額控除よりも少なくなります。しかし，3年間合

計での納税額は税額控除よりも多くなることになります。

- 毎期の課税所得（減価償却控除前）：1,000万円
- 固定資産の取得価額：300万円
- 耐用年数：3年
- 特別償却率：30％
- 税額控除率：7％
- 税率：30％

■特別償却の場合

		1年目	2年目	3年目	合計	備 考
①	課税所得 （減価償却前）	1,000	1,000	1,000	3,000	
②	減価償却費	190	100	10	300	※1年目償却額 300÷3年＋300×30％
③	課税所得 （①−②）	810	900	990	2,700	
④	③×税率	243	270	297	810	
⑤	税額控除	―	―	―	―	
⑥	納税額	243	270	297	810	

■税額控除の場合

		1年目	2年目	3年目	合計	備考
①	課税所得 （減価償却前）	1,000	1,000	1,000	3,000	
②	減価償却費	100	100	100	300	※減価償却額 300 ÷ 3 年
③	課税所得 （①−②）	900	900	900	2,700	
④	③×税率	270	270	270	810	
⑤	税額控除	21	—	—	—	※税額控除額 300 × 7 %
⑥	納税額	249	270	270	789	

(2) 特別償却を選択することを考える場面

ただし，次のような状況においては，税額控除ではなく特別償却を選択することを積極的に考えるべきでしょう。

① 資金繰りの状況

設備投資を実行する際は，一時的に多額のキャッシュアウトが生じるケースがほとんどです。

設備投資後の資金繰りを少しでも安定させる必要がある会社の場合には，税額控除よりも設備投資をした初年度における節税効果が大きな特別償却を選択することによるメリットが大きくなる場合が想定されます。

② 税務申告の状況

税額控除制度は，税額控除限度額が規定されており，通常は法人税額の20％相当額とされています。

つまり，設備投資をした事業年度において課税所得がマイナスとなり，法人税額が発生しない場合には，税額控除を選択することによるメリットを受けることができないこととなります。

　一方，設備投資事業年度において課税所得がマイナスであったとしても，近い将来多額の課税所得が発生することが予定されているような場合には，設備投資事業年度において特別償却を選択することにより，特別償却相当額を青色欠損金として繰り越し，将来発生する課税所得からその青色欠損金を控除することも可能となります。

<table>
<tr><td>**4**</td><td>特別償却・税額控除の特例措置の恩恵の
多い「中小企業者」の定義を押さえよう</td></tr>
</table>

1 中小企業者だけが適用できる制度がある

　租税特別措置法では，政策上の要請に対する税制上の特例措置として
種々の特別償却制度，税額控除制度を設けていますが，その特例の対象と
なる法人を中小企業者に限定した制度があります。具体的には，次の制度
です。

　① 中小企業者等が機械等を取得した場合の特別償却又は法人税額の特
　　別控除（措法42の6）
　② 中小企業者等が特定経営力向上設備等を取得した場合の特別償却又
　　は法人税額の特別控除（措法42の12の4）
　③ 特定事業継続力強化設備等の特別償却（措法44の2）

2 中小企業者とは？

(1) 中小企業者の定義

　中小企業者とは，資本金の額若しくは出資金の額が1億円以下の法人の
うち次の法人以外の法人又は資本若しくは出資を有しない法人のうち常時
使用する従業員の数が1,000人以下の法人をいいます。

　イ　その発行済株式又は出資（その有する自己の株式又は出資を除く。）
　　の総数又は総額の2分の1以上が同一の**大規模法人**の所有に属して
　　いる法人
　ロ　上記イの法人のほか，その発行済株式又は出資の総数又は総額の3
　　分の2以上が**大規模法人**の所有に属している法人

■中小企業者の範囲

判定区分		中小企業者の該当性	備考
資本金が1億円超		非該当	ケース1
資本金が1億円以下	「同一の大規模法人」により1/2以上を保有されている	非該当	ケース2
	「複数の大規模法人」により2/3以上を保有されている	非該当	ケース3
	上記以外	該当	―
資本を有しない法人	常時使用する従業者数が1,000人超	非該当	―
	常時使用する従業者数が1,000人以下	該当	―

★「中小企業者」にならない具体例

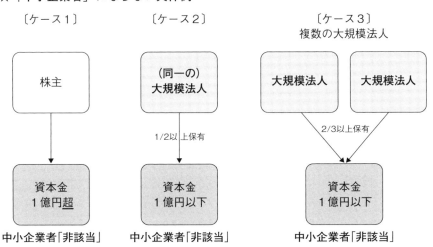

〔ケース1〕

株主

↓

資本金
1億円超

中小企業者「非該当」

〔ケース2〕

（同一の）
大規模法人

1/2以上保有
↓

資本金
1億円以下

中小企業者「非該当」

〔ケース3〕
複数の大規模法人

大規模法人　　　大規模法人

2/3以上保有

資本金
1億円以下

中小企業者「非該当」

(2) 大規模法人の定義

前記(1)で，大規模法人の所有に属している法人は，中小企業者に当たらないという要件がありました。そこで，ここでは大規模法人の定義も押さえておきます。大規模法人とは，資本金の額若しくは出資金の額が1億円を超える法人，資本若しくは出資を有しない法人のうち常時使用する従業員の数が1,000人を超える法人又は次の法人をいいます（中小企業投資育成株式会社を除きます）。

イ　**大法人**との間にその**大法人**による**完全支配関係**がある普通法人

ロ　普通法人との間に完全支配関係がある全ての大法人が有する株式及び出資の全部をその全ての大法人のうちいずれか一の法人が有するものとみなした場合においてそのいずれか一の法人による完全支配関係があることとなるときのその普通法人（上記イの法人を除きます）。

なお，イの完全支配関係とは，一の者が法人の発行済株式若しくは出資（その法人が有する自己の株式又は出資を除きます）の全部を直接若しくは間接に保有する当事者間の完全支配の関係又は一の者との間にその当事者間の完全支配の関係がある法人相互の関係をいいます。

■大規模法人の範囲

大規模法人に該当するもの	備考
①資本金が1億円超の法人	ケース1
②資本を有しない法人のうち常時使用する従業員数が1,000人超の法人	－
③「大法人」との間にその大法人による完全支配関係がある普通法人	ケース2
④普通法人との間に完全支配関係がある「全ての大法人」が有する株式の全部を，その全ての大法人のうちいずれか一の法人が有するものとみなした場合において，そのいずれか一の法人による完全支配関係があることとなるときのその普通法人	ケース3

★大規模法人の具体例

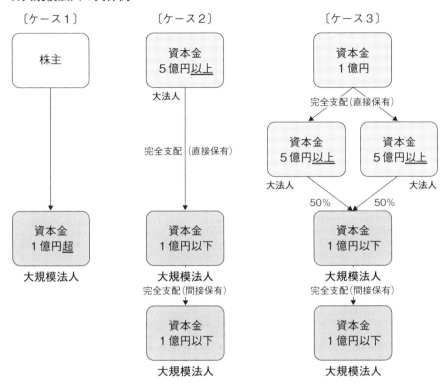

(3) **大法人の定義**

大法人とは，次の法人をいいます。

イ　資本金の額又は出資金の額が５億円以上である法人

ロ　保険業法に規定する相互会社及び外国相互会社のうち，常時使用する従業員の数が1,000人を超える法人

ハ　受託法人

⑷　適用除外事業者に該当すると制度を適用することができない！

　上記1①～③の制度は，中小企業者だけが適用できる制度ですが，その中小企業者が適用除外事業者に該当する場合には，これらの制度を適用することができません。

　適用除外事業者とは，その事業年度開始の日前３年以内に終了した各事業年度の所得の金額の合計額を各事業年度の月数の合計額で除し，これに12を乗じて計算した金額が15億円を超える法人をいいます。

3　中小企業者でも適用できない特例措置もある

　中小企業者であっても，一定の法人に該当しない場合には，税額控除限度額を計算する際に乗じる割合が低くなる場合や，そもそも税額控除制度を選択することができない場合があります。

　具体的には，中小企業投資促進税制に関して，資本金の額が3,000万円を超える法人については，特別償却制度を採用することはできますが，税額控除制度を採用することはできないことになっています。

　また，中小企業経営強化税制の税額控除制度を採用する場合，資本金の額が3,000万円以下の法人については，対象資産の取得価額の100分の10に相当する金額の税額控除を受けることができますが，資本金の額が3,000万円を超える法人については，その割合が100分の７とされています。

5　特別償却と税額控除の選択が可能な制度にはどのようなものがあるか？

　同一の資産の取得等について特別償却と税額控除のいずれかを選択することができる租税特別措置法上の規定には，次のようなものがあります。

制度	根拠条文	制度の概要		
中小企業者等が機械等を取得した場合の特別償却又は法人税額の特別控除	措法42条の6	対象法人	青色申告書を提出する中小企業者等	
		対象期間	平成10年6月1日から令和5年3月31日まで	
		対象資産	一定の機械装置等	
		特例の内容	中小企業者等のうち資本金の額等が3,000万円以下の法人	取得価額（※）の30％の特別償却または取得価額（※）の7％の税額控除 （※）内航船舶は取得価額の75％
			中小企業者等のうち資本金の額等が3,000万円超の法人	取得価額（※）の30％の特別償却 （※）内航船舶は取得価額の75％
国家戦略特別区域において機械等を取得した場合の特別償却又は法人税額の特別控除	措法42条の10	対象法人	青色申告書を提出する法人で国家戦略特別区域法の一定の特定事業の実施主体として同法の認定区域計画に定められたもの	
		対象期間	平成26年4月1日から令和4年3月31日まで	
		対象資産	国家戦略特別区域法の事業実施計画に記載された特定機械措置等	
		特例の内容	平成30年4月1日から平成31年3月31日までの取得分	取得価額の50％（※）の特別償却 （※）建物等及び構築物については25％ または 取得価額の15％（※）の税額控除 （※）建物等及び構築物については8％
			平成31年4月1日から令和4年3月31日までの取得分	取得価額の45％（※）の特別償却 （※）建物等及び構築物については23％ または 取得価額の14％（※）の税額控除 （※）建物等及び構築物については7％

		対象法人	青色申告書を提出する法人で総合特別区域法に規定する指定法人に該当するもの	
国際戦略総合特別区域において機械等を取得した場合の特別償却又は法人税額の特別控除	措法42条の11	対象期間	平成23年8月1日から令和4年3月31日まで	
		対象資産	認定国際戦略総合特別区域計画に適合する一定の計画に記載された特定機械装置等	
		特例の内容	平成28年4月1日から平成31年3月31日までの取得分	取得価額の40%(※)の特別償却 (※)建物等及び構築物については20% または 取得価額の12%(※)の税額控除 (※)建物等及び構築物については6%
			平成31年4月1日から令和4年3月31日までの取得分	取得価額34%(※)の特別償却 (※)建物等及び構築物については17% または 取得価額の10%(※)の税額控除 (※)建物等及び構築物については5%
地域経済牽引事業の促進区域内において特定事業用機械等を取得した場合の特別償却又は法人税額の特別控除	措法42条の11の2	対象法人	青色申告書を提出する法人で地域経済牽引事業の促進による地域の成長発展の基盤強化に関する法律の承認地域経済牽引事業者	
		対象期間	平成29年7月1日から令和5年3月31日まで	
		対象資産	特定地域経済牽引事業施設等を新設等をする場合に係る特定事業用機械等	
		特例の内容	取得価額の40%(※1)(※2)の特別償却 (※1)一定の承認地域経済牽引事業の用に供したものについては50% (※2)建物等及び構築物については20% または 取得価額の4%(※1)(※2)の税額控除 (※1)一定の承認地域経済牽引事業の用に供したものについては5% (※2)建物等及び構築物については2%	
地方活力向上地域等において特定建物等を取得した場合の特別償却又は法人税額の特別控除	措法42条の11の3	対象法人	青色申告書を提出する法人で平成27年8月10日から令和4年3月31日までの間に地方活力向上地域等特定業務施設整備計画について地域再生法の認定を受けたもの	
		対象期間	認定を受けた日から同日の翌日以後2年を経過する日まで	

		対象資産	地方活力向上地域等特定業務施設整備計画に記載された特定建物等
		特例の内容	取得価額の15％（※）の特別償却 （※）地方活力向上地域等特定業務施設整備計画が移転型計画である場合には25％ または 取得価額の４％（※）の税額控除 （※）地方活力向上地域等特定業務施設整備計画が移転型計画である場合には７％
中小企業者等が特定経営力向上設備等を取得した場合の特別償却又は法人税額の特別控除	措法42条の12の4	対象法人	中小企業者等
		対象期間	平成29年４月１日から令和５年３月31日まで
		対象資産	特定経営力向上設備等
		特例の内容	中小企業者等のうち資本金の額等が3,000万円以下の法人 即時償却 または 取得価額の10％の税額控除
			中小企業者等のうち資本金の額等が3,000万円超の法人 即時償却 または 取得価額の７％の税額控除
認定特定高度情報通信技術活用設備を取得した場合の特別償却又は法人税額の特別控除	措法42条の12の6	対象法人	青色申告書を提出する法人で特定高度情報通信技術活用システムの開発供給及び導入の促進に関する法律に規定する認定導入事業者
		対象期間	令和２年８月31日から令和４年３月31日まで
		対象資産	認定特定高度情報通信技術活用設備
		特例の内容	取得価額の30％の特別償却 または 取得価額の15％の税額控除
事業適応設備を取得した場合等の特別償却又は法人税額の特別控除	措法42条の12の7	対象法人	青色申告書を提出する法人で認定事業適応事業者であるもの
		対象期間	令和３年８月２日から令和５年３月31日まで
		対象資産	情報技術事業適応設備，事業適応繰延資産
		特例の内容 情報技術事業適応設備	取得価額（※）の30％の特別償却 または 取得価額の３％（※）の税額控除 （※）一定のものについては５％

		事業適応繰延資産	繰延資産の額の30%の特別償却 または 繰延資産の額の3％（※）の税額控除 （※）一定のものについては5％
生産工程効率化等設備等を取得した場合の特別償却又は法人税額の特別控除	措法42条の12の7	対象法人	青色申告書を提出する法人で認定エネルギー利用環境負荷低減事業適応事業者
		対象期間	令和3年8月2日から令和6年3月31日まで
		対象資産	生産工程効率化設備，需要開拓商品生産設備
		特例の内容	取得価額の50％の特別償却 または 取得価額の5％（※）の税額控除 （※）一定の場合には10％

第 2 章

中小企業に適用される 特別償却 と 税額控除 の 優遇措置

1　中小企業が使える主要な設備投資税制

① 代表的な３つの制度，「中小企業投資促進税制」「中小企業経営強化税制」「DX投資促進税制」

　租税特別措置法には，政策上の要請から企業が行う様々な設備投資に対して，税制上の優遇措置が設けられています。複数ある設備投資税制のうち，中小企業が比較的活用しやすい代表的な制度である「中小企業投資促進税制」と「中小企業経営強化税制」について，本章において解説します。

　また，ウィズ・ポストコロナ時代を見据え，デジタル技術を活用した企業変革（デジタルトランスフォーメーション，以下「DX」といいます）を実現するためには，経営戦略・デジタル戦略の一体的な実施が不可欠であるとされています。

　令和３年度税制改正において，DXの実現に必要なクラウド技術を活用したデジタル関連投資に対して税制上優遇する「DX投資促進税制」が創設されました。本章では，今後，多くの企業の活用が期待される制度である「DX投資促進税制」についても解説します。

② 各制度の比較

　上記の３つの設備投資税制の概要は，次のとおりです。

	中小企業 投資促進税制	中小企業 経営強化税制	DX投資 促進税制
対象法人	青色申告書を提出する中小企業者等	青色申告書を提出する中小企業者等で中小企業等経営強化法の認定を受けた特定事業者等	青色申告書を提出する法人で産業競争力強化法に規定する認定事業適応事業者

対象期間	平成10年6月1日から令和5年3月31日まで	平成29年4月1日から令和5年3月31日まで	令和3年8月2日から令和5年3月31日まで
対象資産	特定機械装置等	特定経営力向上設備等（A類型，B類型，C類型，D類型）	情報技術事業適応設備事業適応繰延資産
指定事業	製造業，建設業，農業，林業，漁業，水産養殖業，鉱業，卸売業，道路貨物運送業，倉庫業，港湾運送業，ガス業，他	製造業，建設業，農業，林業，漁業，水産養殖業，鉱業，卸売業，道路貨物運送業，倉庫業，港湾運送業，ガス業，他	事業の指定なし
特別償却	取得価額×30% ※内航船舶は取得価額×75%×30%	即時償却	情報技術事業適応設備 取得価額×30% 事業適応繰延資産 繰延資産の額×30%
特別償却不足額の繰越	1年間の繰越可	1年間の繰越可	1年間の繰越可
税額控除	特定中小企業者等のみ 取得価額×7% ※内航船舶は取得価額×75%×7%	取得価額×7% ※資本金の額が3,000万円以下の法人は，取得価額×10%	情報技術事業適応設備 取得価額×3% （一定の場合5%） 事業適応繰延資産 繰延資産の額×3% （一定の場合5%）
税額控除限度超過額の繰越	1年間の繰越可	1年間の繰越可	繰越不可
適用要件（特別償却）	特別償却の付表(2)「中小企業者等又は中小連結法人が取得した機械等の特別償却の償却限度額の計算に関する付表」の添付	特別償却の付表(8)「中小企業者等又は中小連結法人が取得した特定経営力向上設備等の特別償却の償却限度額の計算に関する付表」の添付	特別償却の付表（11）「情報技術事業適応設備，事業適応繰延資産又は生産工程効率化等設備等の特別償却の償却限度額の計算に関する付表」の添付
適用要件（税額控除）	別表6(14)「中小企業者等が機械等を取得した場合の法人税額の特別控除に関する明細書」の添付	別表6(23)「中小企業者等が特定経営力向上設備等を取得した場合の法人税額の特別控除に関する明細書」の添付	別表6(32)「事業適応設備を取得した場合等の法人税額の特別控除に関する明細書」の添付

2 　中小企業投資促進税制

① 概　要

　中小企業投資促進税制は，中小企業者（中小企業者は第１章④参照）等が指定期間内に新品の減価償却資産で一定のもの（特定機械装置等）の取得又は製作をして，これを国内にあるその中小企業者等の営む指定事業の用に供した場合には，その指定事業の用に供した日を含む事業年度（供用年度）において，その取得価額の30％相当額の特別償却又はその取得価額の７％相当額の税額控除を選択して適用できる制度です。

　なお，税額控除を選択できるのは，中小企業者等のうち特定中小企業者等（資本金の額又は出資金の額が3,000万円を超える法人（農業協同組合等及び商店街振興組合を除く）以外の法人）に限られています。

　また，中小企業者等が法人税法に定める所有権移転外リース取引により取得した特定機械装置等については，特別償却の適用を受けることはできません。

② 対象法人

(1)　適用対象者

　この制度の適用対象となる中小企業者等は，青色申告書を提出する次の法人です。

　　イ　中小企業者（適用除外事業者を除く）

　　ロ　農業協同組合等

　　ハ　商店街振興組合

(2) 中小企業者

　中小企業者とは，資本金の額若しくは出資金の額が1億円以下の法人の
うち次の法人以外の法人又は資本若しくは出資を有しない法人のうち常時
使用する従業員の数が1,000人以下の法人をいいます。

　イ　その発行済株式又は出資（その有する自己の株式又は出資を除く）
　　　の総数又は総額の2分の1以上が同一の大規模法人の所有に属して
　　　いる法人
　ロ　上記イのほか，その発行済株式又は出資の総数又は総額の3分の2
　　　以上が大規模法人の所有に属している法人

(3) 大規模法人

　大規模法人とは，資本金の額若しくは出資金の額が1億円を超える法人，
資本若しくは出資を有しない法人のうち常時使用する従業員の数が1,000
人を超える法人又は次の法人をいい，中小企業投資育成株式会社を除きま
す。

　イ　大法人との間にその大法人による完全支配関係がある普通法人
　ロ　普通法人との間に完全支配関係がある全ての大法人が有する株式及
　　　び出資の全部をその全ての大法人のうちいずれか一の法人が有する
　　　ものとみなした場合において，そのいずれか一の法人による完全支
　　　配関係があることとなるときのその普通法人（上記イの法人を除く）

(4) 大法人

　大法人とは，次の法人をいいます。

　イ　資本金の額又は出資金の額が5億円以上である法人
　ロ　保険業法に規定する相互会社及び外国相互会社のうち，常時使用す
　　　る従業員の数が1,000人を超える法人
　ハ　受託法人

⑸ 適用除外事業者

　適用除外事業者とは，その事業年度開始の日前3年以内に終了した各事業年度（以下「基準年度」といいます）の所得の金額の合計額を各事業年度の月数の合計数で除し，これに12を乗じて計算した金額が15億円を超える法人をいいます。

　なお，上記の15億円の判定にあたって，設立後3年を経過していない場合，すでに基準年度の所得に対する法人税の額について欠損金の繰戻しによる還付の適用があった場合，基準年度に合併，分割又は現物出資があった場合，その他一定の場合には所定の調整計算を行う必要があります。

⑹ 農業協同組合等

　農業協同組合等とは，農業協同組合，農業協同組合連合会，中小企業等協同組合，出資組合である商工組合及び商工組合連合会，内航海運組合，内航海運組合連合会，出資組合である生活衛生同業組合，漁業協同組合，漁業協同組合連合会，水産加工業協同組合，水産加工業協同組合連合会，森林組合並びに森林組合連合会をいいます。

③ 指定期間

　指定期間は，平成10年6月1日から令和5年3月31日までの期間です。

④ 対象資産

⑴ 特定機械装置等

　この制度の対象となる特定機械装置等とは，次の減価償却費資産のうち一定の規模のものをいいます。

　　イ　機械及び装置

ロ　工具（製品の品質管理の向上等に資する測定工具及び検査工具に限る）

ハ　一定のソフトウェア

ニ　車両及び運搬具（道路運送車両法施行規則別表第一に規定する普通自動車で貨物の運送の用に供されるもののうち車両総重量が3.5トン以上のものに限る）

ホ　内航海運業法第2条第2項に定める内航海運業の用に供される船舶

なお，匿名組合契約その他これに類する契約※の目的である事業の用に供するものは除かれます。

※類する契約とは，次の契約をいいます。
　（イ）当事者の一方が相手方の事業のために出資をし，相手方がその事業から生ずる利益を分配することを約する契約
　（ロ）外国における匿名組合契約又は（イ）の契約に類する契約

⑵　一定のソフトウェア

前記⑴ハのソフトウェアは，電子計算機に対する指令であって一の結果を得ることができるように組み合わされたものとされています。これに関連するシステム仕様書その他の書類も含まれますが，次のものは除かれます。

イ　複写して販売するための原本

ロ　開発研究の用に供されるもの

ハ　サーバー用オペレーティングシステムのうち，国際標準化機構及び国際電気標準会議の規格15408に基づき評価及び認証されたもの以外のもの

ニ　サーバー用仮想化ソフトウェアのうち，認証サーバー用仮想化ソフトウェア以外のもの

ホ　データベース管理ソフトウェアのうち，国際標準化機構及び国際電気標準会議の規格15408に基づき評価及び認証されたもの以外のも

の（非認証データベース管理ソフトウェア）又は当該非認証データベース管理ソフトウェアに係るデータベースを構成する情報を加工する機能を有するソフトウェア

へ　連携ソフトウェアのうち，一定の指令を日本産業規格X5731-8に基づき認証する機能及び一定の指令を受けた旨を記録する機能を有し，かつ，国際標準化機構及び国際電気標準会議の規格15408に基づき評価及び認証をされたもの以外のもの

ト　不正アクセス防御ソフトウェアのうち，国際標準化機構及び国際電気標準会議の規格15408に基づき評価及び認証されたもの以外のもの

⑶　一定の規模のもの

前記⑴の「一定の規模のもの」とは，次の減価償却資産の区分に応じたそれぞれ次の規模のものとなります。

設　備	規　模
機械及び装置	一台又は一基の取得価額が160万円以上のもの
工具	一台又は一基の取得価額が120万円以上のもの （事業年度の取得価額の合計額が120万円以上のものを含む）
ソフトウェア	一のソフトウェアの取得価額が70万円以上のもの （事業年度の取得価額の合計額が70万円以上のものを含む）

5　指定事業

　適用対象となる事業の用は，製造業，建設業，農業，林業，漁業，水産養殖業，鉱業，卸売業，道路貨物運送業，倉庫業，港湾運送業，ガス業及び次に掲げる事業（性風俗関連特殊営業に該当するものを除く）とされています。

① 小売業
② 料理店業その他の飲食店業（料亭，バー，キャバレー，ナイトクラブその他これらに類する事業にあっては，生活衛生同業組合の組合員が行うものに限る）
③ 一般旅客自動車運送業
④ 海洋運輸業及び沿海運輸業
⑤ 内航船舶貸渡業
⑥ 旅行業
⑦ こん包業
⑧ 郵便業
⑨ 通信業
⑩ 損害保険代理業
⑪ 不動産業
⑫ サービス業（娯楽業（映画業を除く）は対象外）

　なお，上記⑤について，内航海運業法第2条第2項に規定する内航運送の用に供される船舶の貸渡しをする事業を営む法人以外の法人の貸付の用を除きます。

6 対象事業年度

適用対象となる事業年度は，適用対象法人が指定期間内に特定機械装置等でその製作の後，事業の用に供されたこのとのないものを取得又は製作して，これを国内にあるその適用対象法人の営む指定事業の用に供した日を含む事業年度（供用年度）となります。

なお，供用年度からは，解散（合併による解散を除く）の日を含む事業年度及び清算中の各事業年度が除かれています。

7 特別償却限度額

この制度の適用を受ける場合の特別償却限度額は，その特定機械装置等の基準取得価額の30％相当額となります。

なお，基準取得価額とは，次の資産の種類に応じ，それぞれ次の金額となります。

資産の種類	基準取得価額
・ 機械及び装置 ・ 工具 ・ ソフトウェア ・ 車両運搬具	取得価額
・ 内航船舶	取得価額×75％

(1) 特別償却不足額の繰越し

特別償却不足額（合併等特別償却不足額を含む）については，1年間繰り越すことができます。

(2) 特別償却準備金として積み立てる方法

特別償却の適用に代えて，特別償却準備金として積み立てる方法を適用することもできます。また，特別償却準備金積立不足額（合併等特別償却準備金積立不足額を含む）についても1年間繰り越すことができます。

8 税額控除限度額

特定機械装置等について特別償却の適用を受けないときは，供用年度の所得に対する法人税額について，税額控除を受けることができます。

この税額控除の適用を受ける場合の税額控除限度額は，その特定機械装置等の基準取得価額の合計額の7％相当額となります。なお，税額控除を選択できる中小企業者等は，特定中小企業者等に限られます。

また，控除を受ける金額は，調整前法人税額※の20％相当額が限度となります。

※調整前法人税額とは，租税特別措置法第42条の4（試験研究を行った場合の法人税額の特別控除）の規定その他一定の規定を適用しないで計算した場合の法人税額をいい，附帯税の額を除きます。

(1) 特定中小企業者等

特定中小企業者等とは，中小企業者等のうち資本金の額又は出資金の額が3,000万円を超える法人（農業協同組合等及び商店街振興組合を除く）以外の法人をいいます。

(2) 繰越税額控除

概　要	青色申告書を提出する法人が，各事業年度において繰越税額控除限度超過額を有する場合には，その事業年度の調整前法人税額の20％相当額を上限として，その繰越税額控除限度超過額に相当する金額を控除することができることとされています。

繰越税額控除 限度超過額	繰越税額控除限度超過額とは，その法人のその事業年度開始の日前1年以内に開始した各事業年度における税額控除限度額のうち，税額控除をしてもなお控除しきれない金額の合計額をいいます。この控除をしてもなお控除しきれない金額は，すでに繰越税額控除限度超過額に係る税額控除によりその各事業年度において調整前法人税額から控除された金額がある場合には，その金額を控除した残額となります。

⑨ 適用（申告）要件

⑴ 特別償却の適用を受ける場合

　本制度の特別償却は，確定申告書等※に特定機械装置等の償却限度額の計算に関する明細書の添付がある場合に限り適用されます。

　具体的には，別表16⑴「旧定額法又は定額法による減価償却資産の償却額の計算に関する明細書」，別表16⑵「旧定率法又は定率法による減価償却資産の償却額の計算に関する明細書」，特別償却の付表⑵「中小企業者等又は中小連結法人が取得した機械等の特別償却の償却限度額の計算に関する付表」の添付が必要です。特別償却の適用に代えて特別償却準備金として積み立てる方法を適用した場合には，別表16⑼「特別償却準備金の損金算入に関する明細書」の添付が必要です。

　※確定申告書等とは，仮決算をした場合の中間申告書及び確定申告書をいい，確定申告書には，その確定申告書に係る期限後申告書を含みます。

⑵ 税額控除の適用を受ける場合

　本制度の税額控除は，確定申告書等（控除を受ける金額を増加させる修正申告書又は更正請求書を提出する場合には，その修正申告書又は更正請求書を含む）に控除の対象となる特定機械装置等の取得価額，控除を受け

る金額及びその金額の計算に関する明細を記載した書類の添付がある場合に限り適用されます。

この場合の，控除される金額の計算の基礎となる特定機械装置等の取得価額は，確定申告書等に添付された書類に記載された特定機械装置等の取得価額が限度となります。具体的には，別表6(14)「中小企業者等が機械等を取得した場合の法人税額の特別控除に関する明細書」の添付が必要です。

(3) 繰越税額控除の適用を受ける場合

繰越税額控除は，供用年度以後の各事業年度の確定申告書に繰越税額控除限度超過額の明細書の添付がある場合で，かつ，繰越税額控除限度超過額に係る税額控除の適用を受けようとする事業年度の確定申告書等（控除を受ける金額を増加させる修正申告書又は更正請求書を提出する場合には，その修正申告書又は更正請求書を含む）に控除の対象となる繰越税額控除限度超過額，控除を受ける金額及びその金額の計算に関する明細を記載した書類の添付がある場合に限り，適用されます。

10 留意事項（重複適用の排除）

法人の有する減価償却資産が，供用年度において租税特別措置法の規定による特別償却又は税額控除制度等及び東日本大震災の被災者等に係る国税関係法律の臨時特例に関する法律の規定による特別償却又は税額控除等のうち，2以上の制度に係る規定を受けることができるものである場合は，その減価償却資産については，これらの規定のうち一の規定のみ適用することができます。

また，本制度は，租税特別措置法に規定されている圧縮記帳の適用を受けた資産については，適用することができませんが，法人税法上の圧縮記帳の適用を受けた資産については，本制度を適用することができます。

3 中小企業経営強化税制

① 概　要

　中小企業経営強化税制は，中小企業者等が，指定期間内に，新品の特定経営力向上設備等の取得等をして，これを国内にあるその中小企業者等の営む事業の用（指定事業の用）に供した場合には，その指定事業の用に供した日を含む事業年度において，その特定経営力向上設備等の取得価額から普通償却限度額を控除した金額に相当する金額の特別償却（即時償却）とその取得価額の７％（一定の中小企業者等については，10％）相当額の税額控除を選択して適用できる制度です。

　なお，中小企業者等が法人税法に定める所有権移転外リース取引により取得した特定経営力向上設備等については，特別償却の適用を受けることはできません。

② 対象法人

(1)　適用対象者

　この制度の適用対象となる法人は，中小企業者等とされています。中小企業経営強化税制における中小企業者等とは，青色申告書を提出する次の法人のうち，中小企業等経営強化法第17条第１項の認定を受けた同法第２条第６項に規定する特定事業者等に該当するものをいいます。

　イ　中小企業者（適用除外事業者を除く）

　ロ　農業協同組合等

　ハ　商店街振興組合

⑵　中小企業者

　　中小企業者とは，資本金の額若しくは出資金の額が１億円以下の法人の
うち次の法人以外の法人又は資本若しくは出資を有しない法人のうち常時
使用する従業員の数が1,000人以下の法人をいいます。

　　イ　その発行済株式又は出資（その有する自己の株式又は出資を除く）
　　　　の総数又は総額の２分の１以上が同一の大規模法人の所有に属してい
　　　　る法人

　　ロ　上記イのほか，その発行済株式又は出資の総数又は総額の３分の２
　　　　以上が大規模法人の所有に属している法人

⑶　大規模法人

　　大規模法人とは，資本金の額若しくは出資金の額が１億円を超える法人，
資本若しくは出資を有しない法人のうち常時使用する従業員の数が1,000
人を超える法人又は次の法人をいい，中小企業投資育成株式会社を除きま
す。

　　イ　大法人との間にその大法人による完全支配関係がある普通法人

　　ロ　普通法人との間に完全支配関係がある全ての大法人が有する株式及
　　　　び出資の全部をその全ての大法人のうちいずれか一の法人が有する
　　　　ものとみなした場合においてそのいずれか一の法人による完全支配
　　　　関係があることとなるときのその普通法人（上記イの法人を除く）。

⑷　大法人

　　大法人とは，次の法人をいいます。

　　イ　資本金の額又は出資金の額が５億円以上である法人

　　ロ　保険業法に規定する相互会社及び外国相互会社のうち，常時使用す
　　　　る従業員の数が1,000人を超える法人

　　ハ　受託法人

⑸ 適用除外事業者

適用除外事業者とは，その事業年度開始の日前3年以内に終了した各事業年度（以下「基準年度」といいます）の所得の金額の合計額を各事業年度の月数の合計数で除し，これに12を乗じて計算した金額が15億円を超える法人をいいます。

なお，上記の15億円の判定にあたって，設立後3年を経過していない場合，すでに基準年度の所得に対する法人税の額について欠損金の繰戻しによる還付の適用があった場合，基準年度に合併，分割又は現物出資があった場合，その他一定の場合には所定の調整計算を行う必要があります。

⑹ 農業協同組合等

農業協同組合等とは，農業協同組合，農業協同組合連合会，中小企業等協同組合，出資組合である商工組合及び商工組合連合会，内航海運組合，内航海運組合連合会，出資組合である生活衛生同業組合，漁業協同組合，漁業協同組合連合会，水産加工業協同組合，水産加工業協同組合連合会，森林組合並びに森林組合連合会をいいます。

本制度の適用対象となる中小企業者等は以下のようになります。

■この制度の対象となる「中小企業者等」

中小企業者	適用除外事業者	×
	上記以外	◎
農業協同組合等		◎
商店街振興組合		◎

※これらのうち，青色申告書を提出し，かつ，中小企業等経営強化法第17条第1項の認定を受けた同法第2条第6項に規定する特定事業者等

■「中小企業者」の範囲

資本金・出資金の額が1億円以下	次の法人以外の法人	◎
	発行済株式の総数・総額の2分の1以上が同一の大規模法人に支配されている	×
	発行済株式の総数・総額の3分の2以上が大規模法人に支配されている	×
資本金・出資金の額が1億円超		×
資本・出資を有しない法人	常時使用する従業員が1,000人以下	◎
	常時使用する従業員が1,000人超	×

■「大規模法人」の範囲

資本金・出資金の額が1億円以下		×
資本金・出資金の額が1億円超		◎
資本・出資を有しない法人	常時使用する従業員が1,000人以下	×
	常時使用する従業員が1,000人超	◎
大法人による完全支配関係がある普通法人		◎
普通法人との間に完全支配関係がある全ての大法人が有する株式の全部をその全ての大法人のうちいずれか一の法人が有するものとみなした場合において当該いずれか一の法人と当該普通法人との間に当該いずれか一の法人による完全支配関係があることとなるときの当該普通法人		◎

※中小企業投資育成株式会社を除く。

■「大法人」の範囲

資本金の額又は出資金の額が５億円以上である法人	◎
相互会社及び外国相互会社のうち常時使用する従業員の数が1,000人を超える法人	◎
受託法人	◎

③ 中小企業等経営強化法の認定

(1) 本制度適用のために必要となる手続き

中小企業経営強化税制の適用を受けるためには，中小企業等経営強化法第２条第６項に規定する特定事業者等に該当するものが，経営力向上のための人材育成や財務管理，設備投資などの取組みを記載した経営力向上計画を主務大臣に提出して，その経営力向上計画が適当である旨の認定を受ける必要があります。

(2) 経営力向上計画

経営力向上計画は，人材育成，コスト管理等のマネジメントの向上や設備投資など，自社の経営力を向上するために実施する計画をいいます。

経営力向上計画には，次に掲げる事項を記載しなければなりません。

イ　経営力向上の目標

ロ　経営力向上による経営の向上の程度を示す指標

ハ　経営力向上の内容及び実施時期（事業承継等を行う場合にあっては，その実施時期を含む）

ニ　経営力向上を実施するために必要な資金の額及びその調達方法

ホ　経営力向上設備等の種類

■申請イメージ

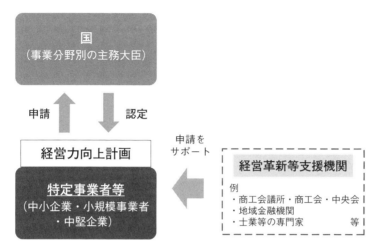

（出所）中小企業庁「中小企業等経営強化法－経営力向上計画策定の手引き」

　なお，計画申請においては，経営革新等支援機関のサポートを受けることが可能です。

　以下，経営力向上計画のひな形をお示しします。申請時のご参考になりましたら幸いです。

（別紙）

経営力向上計画

1　名称等

事業者の氏名又は名称 _____

代表者の役職名及び氏名 _____

資本金又は出資の額 _____

常時使用する従業員の数 _____

法人番号 _____　　設立年月日 _____

2　事業分野と事業分野別指針名

事業分野 ［　　　　　　　　　　］　　　事業分野別指針名 ［　　　　　　　　　　］

3　実施時期

　　　　年　　　月〜　　　年　　　月

4　現状認識

①	自社の事業概要	
②	自社の商品・サービスが対象とする顧客・市場の動向，競合の動向	

③	自社の経営状況	ローカルベンチマークの算出結果						
		（現状値）				（計画終了時目標値）		
		指標	算出結果	評点		指標	算出結果	評点
		①売上高増加率	％			①売上高増加率	％	
		②営業利益率	％			②営業利益率	％	
		③労働生産性	（千円）			③労働生産性	（千円）	
		④EBITDA有利子負債倍率	（倍）			④EBITDA有利子負債倍率	（倍）	
		⑤営業運転資本回転期間	（ヶ月）			⑤営業運転資本回転期間	（ヶ月）	
		⑥自己資本比率	％			⑥自己資本比率	％	
④	経営課題							

5　経営力向上の目標及び経営力向上による経営の向上の程度を示す指標

　　※労働生産性を用いる場合は，「B計画終了時の目標」は正の値とすること。

指標の種類	A現状（数値）	B計画終了時の目標（数値）	伸び率（(B−A)／A)（％）

6　経営力向上の内容

（1）現に有する経営資源を利用する取組

　　有　・　無

（２）他の事業者から取得した又は提供された経営資源を利用する取組

　　　　有　　・　　無

（３）具体的な実施事項

	事業分野別指針の該当箇所	事業承継等の種類	実施事項（具体的な取組を記載）	実施期間	新事業活動への該非（該当する場合は○）
ア					
イ					
ウ					

7　経営力向上を実施するために必要な資金の額及びその調達方法

（１）　具体的な資金の額及びその調達方法

実施事項	使途・用途	資金調達方法	金額（千円）

※7（２）以降の項目は，希望する支援措置に応じて記載。

（２）　純資産の額が零を超えること

純資産の合計額	証明書等

（3） EBITDA有利子負債倍率が10倍以内であること

EBITDA有利子負債倍率	証明書等

8 経営力向上設備等の種類

	実施事項	取得年月	利用を想定している支援措置	設備等の名称／型式	所在地
1			A・B・C・D		
2			A・B・C・D		
3			A・B・C・D		

	設備等の種類	単価（千円）	数量	金額（千円）	証明書等の文書番号等
1					
2					
3					

	設備等の種類	数量	金額（千円）
設備等の種類別小計	機械装置		
	器具備品		
	工具		
	建物附属設備		
	ソフトウェア		
合計			

9　特定許認可等に基づく被承継等特定事業者等の地位

10　事業承継等事前調査に関する事項

事業承継等事前調査の種類	実施主体	実施内容
法務に関する事項		
財務・税務に関する事項		

11 事業承継等により，譲受け又は取得する不動産の内容

（土地）

	実施事項	所在地番	地目	面積（㎡）	事業承継等の種類	事業又は資産の譲受け元名
1						
2						
3						

（家屋）

	実施事項	所在家屋番号	種類構造	床面積（㎡）	事業承継等の種類	事業又は資産の譲受け元名
1						
2						
3						

4 指定期間

指定期間は，平成29年4月1日から令和5年3月31日までの期間です。

⑤ 対象資産

(1) 特定経営力向上設備等

　この制度の対象となる特定経営力向上設備等とは，生産等設備を構成する機械及び装置，工具，器具及び備品，建物附属設備並びに一定のソフトウェアで，中小企業等経営強化法第17条第3項に規定する経営力向上設備等（中小企業等経営強化法施行規則第16条第2項に規定する経営力向上に著しく資する設備等で，その中小企業者等の中小企業等経営強化法第17条第1項の認定に係る経営力向上計画に記載されたものに限る）に該当するもののうち一定の規模のものをいいます。

(2) 生産等設備

① 意　義

　生産等設備とは，例えば，製造業を営む法人の工場，小売業を営む法人の店舗又は自動車整備業を営む法人の作業場のように，その法人が行う生産活動，販売活動，役務提供活動その他収益を稼得するために行う活動（生産等活動）の用に直接供される減価償却資産で構成されているものをいいます。したがって，例えば，本店，寄宿舎等の建物，事務用器具備品，乗用自動車，福利厚生施設のようなものは，これに該当しないこととなります。

　なお，一棟の建物が本店用と店舗用に供されている場合など，減価償却資産の一部が法人の生産等活動の用に直接供されているものについては，その全てが生産等設備になります。

② 働き方改革の推進に資する減価償却資産

　働き方改革の推進に資する次のような減価償却資産は，生産等設備を構成する減価償却資産に該当します。

減価償却資産の種類	例　示
建物附属設備	生産等活動の用に直接供される工場，店舗，作業場等の中に設置される施設（食堂，休憩室，更衣室，ロッカールーム，シャワールーム，仮眠室，トイレ等）に係る建物附属設備（電気設備，給排水設備，冷暖房設備，可動式間仕切り等）
器具及び備品	工場，店舗，作業場等で行う生産等活動のために取得されるもので，その生産等活動の用に直接供される器具備品（テレワーク用電子計算機等）
ソフトウェア	工場，店舗，作業場等で行う生産等活動のために取得されるもので，その生産等活動の用に直接供されるソフトウェア（テレビ会議システム，勤怠管理システム等）

(3)　一定のソフトウェア

　特定経営力向上設備等となるソフトウェアは，電子計算機に対する指令であって一の結果を得ることができるように組み合わされたものとされています。これに関連するシステム仕様書その他の書類も含まれますが，次のものは除かれます。

　イ　複写して販売するための原本

　ロ　開発研究の用に供されるもの

　ハ　サーバー用オペレーティングシステムのうち，国際標準化機構及び国際電気標準会議の規格15408に基づき評価及び認証されたもの以外のもの

　ニ　サーバー用仮想化ソフトウェアのうち，認証サーバー用仮想化ソフトウェア以外のもの

　ホ　データベース管理ソフトウェアのうち，国際標準化機構及び国際電

気標準会議の規格15408に基づき評価及び認証されたもの以外のもの（非認証データベース管理ソフトウェア）又は当該非認証データベース管理ソフトウェアに係るデータベースを構成する情報を加工する機能を有するソフトウェア

へ　連携ソフトウェアのうち，一定の指令を日本産業規格X5731-8に基づき認証する機能及び一定の指令を受けた旨を記録する機能を有し，かつ，国際標準化機構及び国際電気標準会議の規格15408に基づき評価及び認証をされたもの以外のもの

ト　不正アクセス防御ソフトウェアのうち，国際標準化機構及び国際電気標準会議の規格15408に基づき評価及び認証されたもの以外のもの

⑷　経営力向上設備等

　経営力向上設備等とは，中小企業等経営強化法第17条第3項において，商品の生産若しくは販売又は役務の提供の用に供する施設，設備，機器，装置又はプログラムであって，経営力向上に特に資するものとして一定のものをいうこととされています。

　経営力向上設備等に関しては，中小企業等経営強化法施行規則第16条第1項において「経営力向上に特に資する設備等」を掲げ，さらに，同条第2項において「経営力向上に著しく資する設備等」を掲げています。中小企業等経営強化税制の適用を受けるためには，後者の「経営力向上に著しく資する設備等」に該当する必要があります。

⑸　経営力向上に著しく資する設備等

　中小企業等経営強化法施行規則第16条第2項に規定する経営力向上に著しく資する設備等とは，次のいずれかに該当するものをいいます。

① 生産性向上設備（A類型）

下記の表の指定設備のうち，次の要件のいずれも満たすものをいいます。

イ　一定期間内に販売されたモデルであること

ロ　経営力の向上に資するものの指標（生産効率，エネルギー効率，精度等をいいます）が，旧モデルと比較して年平均1％以上向上しているものであること

指定設備		販売開始時期
減価償却資産の種類	用途又は細目	
機械及び装置	全ての指定設備 （発電の用に供する設備にあっては，主として電気の販売を行うために取得又は製作をするものとして経済産業大臣が定めるものを除く）	10年以内
器具及び備品	全ての指定設備 （医療機器にあっては，医療保健業を行う事業者が取得又は製作をするものを除く）	6年以内
工具	測定工具及び検査工具 （電気又は電子を利用するものを含む）	5年以内
建物附属設備	全ての指定設備 （医療保健業を行う事業者が取得又は建設をするものを除くものとし，発電の用に供する設備にあっては主として電気の販売を行うために取得又は建設をするものとして経済産業大臣が定めるものを除く）	14年以内
ソフトウェア	設備の稼働状況等に係る情報収集機能及び分析・指示機能を有するもの	5年以内

② 収益力強化設備（B類型）

　下記の表の指定設備のうち，年平均の投資利益率が５％以上となることが見込まれるものであることにつき経済産業大臣の確認を受けた投資計画に記載された投資の目的を達成するために不可欠な設備をいいます。

　なお，投資利益率は，次の算式により算定します。

$$\text{投資利益率} = \frac{\text{「営業利益＋減価償却費}^{*1}\text{」の増加額}^{*2}}{\text{設備投資額}^{*3}}$$

*1　会計上の減価償却費
*2　設備の取得等をする年度の翌年度以降３年度の平均額
*3　設備の取得等をする年度におけるその取得等をする設備の取得価額の合計額

指定設備	
減価償却資産の種類	用途又は細目
機械及び装置	全ての指定設備 （発電の用に供する設備にあっては，主として電気の販売を行うために取得又は製作をするものとして経済産業大臣が定めるものを除く）
器具及び備品	全ての指定設備 （医療機器にあっては，医療保健業を行う事業者が取得又は製作をするものを除く）
工具	全ての指定設備
建物附属設備	全ての指定設備 （医療保健業を行う事業者が取得又は建設をするものを除くものとし，発電の用に供する設備にあっては，主として電気の販売を行うために取得又は建設をするものとして経済産業大臣が定めるものを除く）
ソフトウェア	全ての指定設備

③ デジタル化設備（C類型）

　下記の表の指定設備のうち，次のいずれかの要件を満たすことが見込まれるものであることにつき，経済産業大臣の確認を受けた投資計画に記載された投資の目的を達成するために不可欠な設備をいいます。

　　イ　情報処理技術を用いた遠隔操作を通じて，事業を対面以外の方法により行うこと又は事業に従事する者が現に常時労務を提供している場所以外の場所において常時労務を提供することができるようにすること

　　ロ　現に実施している事業に関するデータの集約及び分析を情報処理技術を用いて行うことにより，当該事業の工程に関する最新の状況の把握及び経営資源等の最適化を行うことができるようにすること

　　ハ　情報処理技術を用いて，現に実施している事業の工程に関する経営資源等の最適化のための指令を状況に応じて自動的に行うことができるようにすること

指定設備	
減価償却資産の種類	用途又は細目
機械及び装置	全ての指定設備 （発電の用に供する設備にあっては，主として電気の販売を行うために取得又は製作をするものとして経済産業大臣が定めるものを除く）
器具及び備品	全ての指定設備 （医療機器にあっては，医療保健業を行う事業者が取得又は製作をするものを除く）
工具	全ての指定設備
建物附属設備	全ての指定設備 （医療保健業を行う事業者が取得又は建設をするものを除くものとし，発電の用に供する設備にあって

	は，主として電気の販売を行うために取得又は建設をするものとして経済産業大臣が定めるものを除く）
ソフトウェア	全ての指定設備

④ 経営資源集約化に資する設備（D類型）

次頁の表の指定設備のうち，以下の要件を満たすことが見込まれるものであることにつき経済産業大臣の確認を受けた投資計画に記載された投資の目的を達成するために不可欠な設備で，認定経営力向上計画に従って事業承継を行った後に取得又は製作若しくは建設をするものをいいます。

イ　修正ROAが以下の計画期間に応じ，それぞれに掲げる水準以上を上回ること

ロ　有形固定資産回転率が以下の計画期間に応じ，それぞれに掲げる水準以上を上回ること

計画期間	修正ROA	有形固定資産回転率
3年	＋0.3％ポイント	＋2％
4年	＋0.4％ポイント	＋2.5％
5年	＋0.5％ポイント	＋3％

なお，修正ROA又は有形固定資産回転率は，次の算式によって算定します。

＜修正ROA＞

$$\text{修正ROA} = \cfrac{\substack{\text{計画終了年度における} \\ \text{営業利益＋減価償却費}^{*1} \\ \text{＋研究開発費}^{*1}}}{\substack{\text{計画終了年度における} \\ \text{総資産}^{*2}}} - \cfrac{\substack{\text{基準年度}^{*3}\text{における} \\ \text{営業利益＋減価償却費} \\ \text{＋研究開発費}}}{\substack{\text{基準年度における} \\ \text{総資産}}}$$

＜有形固定資産回転率＞

$$\text{有形固定資産回転率} = \cfrac{\cfrac{\substack{\text{計画終了年度における} \\ \text{売上高}}}{\substack{\text{計画終了年度における} \\ \text{有形固定資産}^{*2}}} - \cfrac{\substack{\text{基準年度}^{*3}\text{における} \\ \text{売上高}}}{\substack{\text{基準年度における} \\ \text{有形固定資産}}}}{\cfrac{\text{基準年度における売上高}}{\text{基準年度における有形固定資産}}}$$

＊1　会計上の減価償却費及び研究開発費

＊2　帳簿価額を指す

＊3　計画開始直前における事業年度の確定決算時の数値

指定設備	
減価償却資産の種類	用途又は細目
機械及び装置	全ての指定設備 （発電の用に供する設備にあっては，主として電気の販売を行うために取得又は製作をするものとして経済産業大臣が定めるものを除く）
器具及び備品	全ての指定設備 （医療機器にあっては，医療保健業を行う事業者が取得又は製作をするものを除く）
工具	全ての指定設備

	全ての指定設備
建物附属設備	（医療保健業を行う事業者が取得又は建設をするものを除くものとし，発電の用に供する設備にあっては，主として電気の販売を行うために取得又は建設をするものとして経済産業大臣が定めるものを除く）
ソフトウェア	全ての指定設備

(6) 一定の規模のもの

前記(1)の「一定の規模のもの」とは，次の減価償却資産の区分に応じたそれぞれ次の規模のものとなります。

種　類	規　模
機械及び装置	一台又は一基の取得価額が160万円以上のもの
器具及び備品	一台又は一基の取得価額が30万円以上のもの
工具	一台又は一基の取得価額が30万円以上のもの
建物附属設備	一の建物附属設備の取得価額が60万円以上のもの
ソフトウェア	一のソフトウェアの取得価額が70万円以上のもの

※一台又は一基は，通常1組又は一式をもって取引の単位とされるものにあっては，1組又は一式とすることとされています。

6　指定事業

適用対象となる事業の用は，製造業，建設業，農業，林業，漁業，水産養殖業，鉱業，卸売業，道路貨物運送業，倉庫業，港湾運送業，ガス業及び次に掲げる事業（性風俗関連特殊営業に該当するものを除く）とされています。

① 小売業

② 料理店業その他の飲食店業（料亭，バー，キャバレー，ナイトクラブその他これらに類する事業にあっては，生活衛生同業組合の組合員が行うものに限る）

③ 一般旅客自動車運送業

④ 海洋運輸業及び沿海運輸業

⑤ 内航船舶貸渡業

⑥ 旅行業

⑦ こん包業

⑧ 郵便業

⑨ 通信業

⑩ 損害保険代理業

⑪ 不動産業

⑫ サービス業（娯楽業（映画業を除く）は対象外）

なお，上記⑤について，内航海運送業法第2条第2項に規定する内航運送の用に供される船舶の貸渡しをする事業を営む法人以外の法人の貸付の用を除きます。

7 対象事業年度

適用対象となる事業年度は，適用対象法人が，指定期間内に，特定経営力向上設備等でその製作若しくは建設の後，事業の用に供されたことのないものを取得し，又は特定経営力向上設備等を製作して若しくは建設して，これを国内にあるその適用対象法人の営む指定事業の用に供したときにおけるその指定事業の用に供した日を含む事業年度（以下「供用年度」といいます）となります。

なお，供用年度からは，解散（合併による解散を除く）の日を含む事業

年度及び清算中の各事業年度が除かれています。

8 特別償却限度額

この制度の適用を受ける場合の特別償却限度額は，その特定経営力向上設備等の取得価額から普通償却限度額を控除した金額に相当する金額となります。つまり，取得価額の全額を減価償却できることになります。

(1) 特別償却不足額の繰越し

特別償却不足額（合併等特別償却不足額を含む）については，1年間繰り越すことができます。

(2) 特別償却準備金として積み立てる方法

特別償却の適用に代えて，特別償却準備金として積み立てる方法を適用することもできます。また，特別償却準備金積立不足額（合併等特別償却準備金積立不足額を含む）についても1年間繰り越すことができます。

9 税額控除限度額

特定経営力向上設備等について，特別償却の適用を受けないときは，供用年度の所得に対する法人税額について税額控除の適用を受けることができます。

この税額控除の適用を受ける場合の税額控除限度額は，その特定経営力向上設備等の取得価額の7％相当額となります。なお，中小企業者等のうち，資本金の額又は出資金の額が3,000万円を超える法人（農業協同組合等及び商店街振興組合を除く）以外の法人がその指定事業の用に供した特定経営力向上設備等の税額控除限度額は，特定経営力向上設備等の取得価

額の10％相当額となります。

　また，控除を受ける金額は，中小企業投資促進税制の税額控除限度額を合計して調整前法人税額※の20％相当額が限度となります。

　※調整前法人税額とは，租税特別措置法第42条の4（試験研究を行った場合の法人税額の特別控除）の規定その他一定の規定を適用しないで計算した場合の法人税額をいい，附帯税の額を除きます。

■繰越税額控除

概　要	青色申告書を提出する法人が，各事業年度において繰越税額控除限度超過額を有する場合には，その事業年度の調整前法人税額の20％相当額を上限として，その繰越税額控除限度超過額に相当する金額を控除することができることとされています。
繰越税額控除限度超過額	繰越税額控除限度超過額とは，その法人のその事業年度開始の日前1年以内に開始した各事業年度における税額控除限度額のうち，税額控除をしてもなお控除しきれない金額の合計額をいいます。 この控除をしてもなお控除しきれない金額は，すでに繰越税額控除限度超過額に係る税額控除によりその各事業年度において調整前法人税額から控除された金額がある場合には，その金額を控除した残額となります。

⑩　適用（申告）要件

⑴　特別償却の適用を受ける場合

　本制度の特別償却は，確定申告書等※に特定経営力向上設備等の償却限度額の計算に関する明細書の添付がある場合に限り適用されます。

　具体的には，別表16⑴「旧定額法又は定額法による減価償却資産の償却

額の計算に関する明細書」，別表16⑵「旧定率法又は定率法による減価償却資産の償却額の計算に関する明細書」，特別償却の付表⑻「中小企業者等又は中小連結法人が取得した特定経営力向上設備等の特別償却の償却限度額の計算に関する付表」の添付が必要です。特別償却の適用に代えて，特別償却準備金として積み立てる方法を適用した場合には，別表16⑼「特別償却準備金の損金算入に関する明細書」の添付が必要です。

　また，確定申告書等※にその機械装置等が特定経営力向上設備等に該当するものであることを証する書類として，その法人が受けた認定に係る認定申請書の写し及びその認定申請書に係る認定書の写しを添付しなければなりません。

> ※確定申告書等とは，仮決算をした場合の中間申告書及び確定申告書をいい，確定申告書には，その確定申告書に係る期限後申告書を含みます。

⑵　税額控除の適用を受ける場合

　本制度の税額控除は，確定申告書等（控除を受ける金額を増加させる修正申告書又は更正の請求書を提出する場合には，その修正申告書又は更正の請求書を含む）に控除の対象となる特定経営力向上設備等の取得価額，控除を受ける金額及びその金額の計算に関する明細を記載した書類の添付がある場合に限り適用されます。

　この場合において，控除される金額の計算の基礎となる特定経営力向上設備等の取得価額は，確定申告書等に添付された書類に記載された特定経営力向上設備等の取得価額が限度となります。

　具体的には，別表6⒀「中小企業者等が特定経営力向上設備等を取得した場合の法人税額の特別控除に関する明細書」の添付が必要です。

　また，確定申告書等にその機械装置等が特定経営力向上設備等に該当するものであることを証する書類として，その法人が受けた認定に係る認定申請書の写し及びその認定申請書に係る認定書の写しを添付しなければな

りません。

⑶　繰越税額控除の適用を受ける場合

　繰越税額控除は，供用年度以後の各事業年度の確定申告書に繰越税額控除限度超過額の明細書の添付がある場合で，かつ，繰越税額控除限度超過額に係る税額控除の適用を受けようとする事業年度の確定申告書等（控除を受ける金額を増加させる修正申告書又は更正請求書を提出する場合には，その修正申告書又は更正請求書を含む）に控除の対象となる繰越税額控除限度超過額，控除を受ける金額及びその金額の計算に関する明細を記載した書類の添付がある場合に限り，適用されます。

⑪　留意事項（重複適用の排除）

　法人の有する減価償却資産が，供用年度において租税特別措置法の規定による特別償却又は税額控除制度等及び東日本大震災の被災者等に係る国税関係法律の臨時特例に関する法律の規定による特別償却又は税額控除等のうち，2以上の制度に係る規定を受けることができるものである場合は，その減価償却資産については，これらの規定のうち一の規定のみ適用することができます。

　また，本制度は，租税特別措置法に規定されている圧縮記帳の適用を受けた資産については，適用することができませんが，法人税法上の圧縮記帳の適用を受けた資産については，本制度を適用することができます。

4 DX（デジタルトランスフォーメーション）投資促進税制

1 概　　要

　DX投資促進税制は，⑴情報技術事業適応設備の取得に要した費用と⑵事業適応繰延資産に支出した費用について，それぞれ特別償却又は税額控除を認めるものです。

⑴　情報技術事業適応設備の取得に要した費用の特別償却又は税額控除

　この制度は，青色申告書を提出する法人で産業競争力強化法に規定する認定事業適応事業者が，指定期間内に，同法に規定する情報技術事業適応の用に供するために特定ソフトウェアの新設若しくは増設をし，又は情報技術事業適応を実施するために利用するソフトウェアのその利用に係る費用を支出する場合において，新品の情報技術事業適応設備の取得等をして，国内にあるその法人の事業の用に供したときは，その取得価額の30％相当額の特別償却又はその取得価額の３％（産業競争力の強化に著しく資する一定のものの用に供する情報技術事業適応設備については，５％）相当額の税額控除を選択して適用できるというものです。

⑵　事業適応繰延資産に支出した費用の特別償却又は税額控除

　この制度は，青色申告書を提出する法人で産業競争力強化法に規定する認定事業適応事業者が，指定期間内に，情報技術事業適応を実施するために利用するソフトウェアのその利用に係る費用を支出した場合には，その事業適応繰延資産の額の30％相当額の特別償却又はその事業適応繰延資産の額の３％（産業競争力の強化に著しく資する一定のものを実施するため

に利用するソフトウェアに係る事業適応繰延資産については，5％）相当
額の税額控除を選択して適用できるというものです。

■DX投資促進税制の対象設備と効果

対象設備		特別償却	税額控除
情報技術事業適応設備	・特定ソフトウェア ・機械装置 ・器具備品	30％	3％ （一定のもの は5％）
事業適応繰延資産	・繰延資産		

② 対象法人

(1) 認定事業適応事業者

　この制度の適用対象となる法人は，青色申告書を提出する法人で産業競
争力強化法に規定する認定事業適応事業者です。

　認定事業適応事業者とは，認定事業適応計画に従って実施される情報技
術事業適応（生産性の向上又は需要の開拓に特に資するものとして主務大
臣が定める基準に適合することについて主務大臣の確認を受けたものに限
る）を行う認定事業適応事業者いいます。

(2) 事業適応

　産業競争力強化法において事業適応とは，事業者が，産業構造又は国際
的な競争条件の変化その他の経済社会情勢の変化に対応して，その事業の
生産性を相当程度向上させること又はその生産し，若しくは販売する商品
若しくは提供する役務に係る新たな需要を相当程度開拓することを目指し
て行うその事業の全部又は一部の変更（取締役会その他これに準ずる機関

による経営の方針に係る決議又は決定を伴うものに限る）であって，次の
いずれかに該当するものをいいます。

- イ　予見し難い経済社会情勢の変化によりその事業の遂行に重大な影響
を受けた事業者がその事業の成長発展を図るために行うもの
- ロ　情報技術の進展による事業環境の変化に対応して行うもの
- ハ　エネルギーの消費量の削減，非化石エネルギー源の活用その他のエ
ネルギーの利用による環境への負荷の低減に関する国際的な競争条
件の変化に対応して行うもの

(3)　情報技術事業適応

情報技術事業適応とは，上記(2)の事業適応のうちロに該当するものをい
います。

(4)　事業適応計画の認定要件

本制度の適用のために法人に求められる事業適応計画の認定要件は，次
のとおりです（詳しくは第3章（**Q4-1**，**Q4-2**）を参照）。

認定要件	デジタル （D）要件	①　データ連携（他の法人等の有するデータ又は事業者がセンサー等を利用して新たに取得するデータと内部データを合わせて連携すること） ②　クラウド技術の活用 ③　情報処理推進機構が審査する「DX」認定の取得（レガシー回避，サイバーセキュリティ等の確保）
	企業変革 （X）要件	①　会社の意思決定に基づくものであること（取締役会の決議文書添付等） ②　生産性向上や売上高の上昇目標を定めること ・計画期間内で，ROAが2014年から2018年平均を基準値として1.5％向上

	・計画期間内で，売上高伸び率≧過去5年度の業種売上高伸び率＋5％ ③　商品の製造原価が8.8％以上削減されること等 ④　投資総額が売上高比0.1％以上であること

③　指定期間

　指定期間は，産業競争力強化法等の一部を改正する等の法律（令和3年法律第70号）の施行の日である令和3年8月2日から令和5年3月31日までの期間です。

④　対象資産

　適用対象となる資産は，情報技術事業適応設備と事業適応繰延資産です。

(1)　情報技術事業適応設備

　情報技術事業適応設備とは，認定事業適応計画に従って実施される情報技術事業適応の用に供するために特定ソフトウェアの新設若しくは増設し，又は情報技術事業適応を実施するために利用するソフトウェアのその利用に係る費用（繰延資産となるものに限る）を支出する場合における次の資産をいいます。

　　イ　その新設等に係る特定ソフトウェア（電子計算機に対する指令であって一の結果を得ることができるように組み合わされたものをいい，複写して販売するための原本は除く）

　　ロ　上記イの特定ソフトウェア又はその利用するソフトウェアとともに情報技術事業適応の用に供する機械及び装置並びに器具及び備品

なお，産業試験研究用資産（租税特別措置法第42条の4第8項第1号イ(1)に規定する試験研究又は同号イ(2)に規定する試験研究の用に供する資産，いわゆる研究開発税制の適用がある試験研究の用に供する資産）に該当するものは除かれています。

　また，上記ロの機械及び装置並びに器具及び備品は，特定ソフトウェア又は上記の利用するソフトウェアと連携して使用するものに限ります。

(2)　事業適応繰延資産

　事業適応繰延資産とは，情報技術事業適応を実施するために利用するソフトウェアのその利用に係る費用を支出した場合におけるその支出に係る繰延資産をいいます。

　例えば，クラウドサービスを利用するために発生する初期費用などは，「資産を賃借し又は使用するために支出する権利金，立ち退き料その他の費用」として繰延資産に該当することとなります。

⑤　指定事業

　適用対象となる事業は，国内で行われる事業であれば，特に業務の限定はありませんが，情報技術事業適応設備自体の貸付けに係る事業は適用対象とはなりません。

⑥　対象事業年度

(1)　情報技術事業適応設備に係る措置

　適用対象となる事業年度は，適用対象法人が，指定期間内に，情報技術事業適応設備でその製作後事業の用に供されたことのないものを取得し，又はその情報技術事業適応設備を製作して，これをその適用対象法人の適

用対象事業の用に供した場合におけるその事業の用に供した事業年度（以下「供用年度」といいます）となります。

　なお，供用年度からは，解散（合併による解散を除く）の日を含む事業年度及び清算中の各事業年度が除かれています。

⑵　事業適応繰延資産に係る措置

　適用対象となる事業年度は，適用対象法人が，指定期間内に，事業適応繰延資産となる費用を支出した場合におけるその支出をした日を含む事業年度（以下「支出年度」といいます）となります。

　なお，支出年度からは，解散（合併による解散を除く）の日を含む事業年度及び清算中の各事業年度が除かれています。

7　特別償却限度額

　この制度の適用を受ける場合の特別償却限度額は，その情報技術事業適応設備（所有権移転外リース取引※により取得したものを除く）の取得価額又はその事業適応繰延資産の額の30％相当額です。

　　※所有権移転外リース取引とは，法人税法施行令第48条の２第５項第５号に規定する所有権移転外リース取引をいいます。

　ただし，①情報技術事業適応の用に供するために取得又は製作をする特定ソフトウェアの取得価額，②①の特定ソフトウェア又は情報技術事業適応を実施するために利用してその利用に係る費用（繰延資産となるものに限る）を支出するソフトウェアとともに情報技術事業適応の用に供する機械及び装置並びに器具及び備品の取得価額，③情報技術事業適応を実施するために利用するソフトウェアのその利用に係る費用（繰延資産となるものに限る）の額の合計額（以下「対象資産合計額」といいます）が300億円を超える場合には，以下の算式により計算した金額がそれぞれ特別償却

限度額となります。

＜情報技術事業適応設備＞

$$300億円 \times \left(\frac{情報技術事業適応設備の取得価額}{対象資産合計額} \right) \times 30\%$$

＜事業適応繰延資産＞

$$300億円 \times \left(\frac{事業適応繰延資産の額}{対象資産合計額} \right) \times 30\%$$

⑴ **特別償却不足額の繰越し**

　特別償却不足額※については，１年間繰り越すことができます。

※・特別償却不足額については，合併等特別償却不足額を含みます。
　・事業適応繰延資産について特別償却不足額がある場合の償却限度額は，その繰延資産につき法人税法施行令64条（繰延資産の償却限度額）の規定により計算した償却限度額に相当する金額に特別償却不足額を加算した金額となります。

⑵ **特別償却準備金として積み立てる方法**

　特別償却の適用に代えて，特別償却準備金として積み立てる方法を適用することもできます。また，特別償却準備金積立不足額※については１年間繰り越すことができます。

　なお，事業適応繰延資産について特別償却準備金の均等取崩しを行う場合には，耐用年数に代えて，その支出の効果の及ぶ月数を12で除した数を用いることとなります。

※特別償却準備金積立不足額については，合併等特別償却準備金積立不足額を含みます。

⑧ 税額控除限度額

この制度の適用を受ける場合の税額控除限度額は，次の区分に応じた金額となります。また，控除を受ける金額は，カーボンニュートラル投資促進税制の税額控除限度額を合計して調整前法人税額[※1]の20％相当額が限度となります。

	対象設備	税額控除限度額
イ	ロ及びハ以外のもの	情報技術事業適応設備の取得価額×3％ 又は 事業適応繰延資産の額
ロ	情報技術事業適応のうち産業競争力の強化に著しく資するもの[※2]の用に供する情報技術事業適応設備	情報技術事業適応設備の取得価額×5％
ハ	情報技術事業適応のうち産業競争力の強化に著しく資するものを実施するために利用するソフトウェアのその利用に係る事業適応繰延資産	事業適応繰延資産の額×5％

※1 調整前法人税額とは，租税特別措置法第42条の4（試験研究を行った場合の法人税額の特別控除）の規定その他一定の規定を適用しないで計算した場合の法人税額をいい，附帯税の額を除きます。

※2 「情報技術事業適応のうち産業競争力の強化に著しく資するもの」とは，産業競争力の強化に著しく資するものとして経済産業大臣が定める基準に適合するものであることについて，主務大臣の確認を受けたものをいいます。

(1) 情報技術事業適応のうち産業競争力の強化に著しく資するもの

　税額控除を適用する場合の税額控除率は原則として３％となりますが，情報技術事業適応のうち産業競争力の強化に著しく資するものとして経済産業大臣が定める基準に適合するものであることについて主務大臣の確認を受けた場合には，５％の税額控除率を適用することができます。産業競争力の強化に著しく資するものとして経済産業大臣が定める基準に該当するためには，以下の要件に該当する必要があります。

　　イ　認定事業適応事業者が行おうとする情報技術事業適応が，高度クラウドシステムを活用して行うものであること

　　ロ　グループ会社（認定事業適応事業者の親会社，子会社及び当該認定事業適応事業者以外の当該親会社の子会社）以外の他の会社の有するデータを活用して行うものであること

(2) 税額控除限度額の上限

　対象資産合計額が300億円を超える場合には，以下の算式により計算した金額がそれぞれ税額控除限度額となります。

＜情報技術事業適応設備＞

$$300億円 \times \left(\frac{情報技術事業適応設備の取得価額}{対象資産合計額} \right) \times 3\,\%\,（又は5\,\%）$$

＜事業適応繰延資産＞

$$300億円 \times \left(\frac{事業適応繰延資産の額}{対象資産合計額} \right) \times 3\,\%\,（又は5\,\%）$$

⑨ 適用（申告）要件

(1) 特別償却の適用を受ける場合

　本制度の特別償却は，確定申告書等※に情報技術事業適応設備又は事業適応繰延資産の償却限度額の計算に関する明細書その他財務省令で定める書類の添付がある場合に限り適用されます。

　具体的には，以下の書類が必要となります。

- 減価償却資産の償却額の計算に関する明細書（法人税申告書別表16(1)又は16(2)）
- 繰延資産の償却額の計算に関する明細書16(6)
- 情報技術事業適応設備，事業適応繰延資産又は生産工程効率化等設備等の特別償却の償却限度額の計算に関する付表（特別償却の付表(11)）
- 認定申請書の写し
- 当該認定申請書に係る認定書の写し
- 主務大臣から交付を受けた確認書の写し
- 適用額明細書

※確定申告書等とは，仮決算をした場合の中間申告書及び確定申告書をいい，確定申告書には，その確定申告書に係る期限後申告書を含みます。

(2) 税額控除の適用を受ける場合

　本制度の税額控除は，確定申告書等に控除の対象となる情報技術事業適応設備の取得価額又は事業適応繰延資産の額，控除を受ける金額及びその金額の計算に関する明細を記載した書類その他財務省令で定める書類の添付がある場合に限り適用されます。

　具体的には，以下の書類が必要になります。

- 事業適応設備を取得した場合等の法人税額の特別控除に関する明細書

（法人税申告書別表6⑶2）

- 認定申請書の写し
- 当該認定申請書に係る認定書の写し
- 主務大臣から交付を受けた確認書の写し
- 適用額明細書

第 **3** 章

実践!
特別償却 or 税額控除 ?

共通項目	**Q1-1 適用除外事業者の該当性**

当社は資本金1億円の3月決算法人で中小企業者に該当するため，当期に中小企業投資促進税制の適用を検討していますが，適用可能でしょうか。

なお，当社の過去3年間の所得金額は以下のように推移しています。

2021年3月期…28億円

2020年3月期…15億円

2019年3月期…11億円

A1-1

貴社の場合，直前3期の所得金額の平均金額（平均所得金額）が，18億円（＝（28億円＋15億円＋11億円）÷3）となり，適用除外事業者に該当するため，資本金が1億円以下の中小企業者であっても，中小企業投資促進税制の適用を受けることはできません。

解　説

中小企業投資促進税制に規定する中小企業者とは次に掲げる法人とされています。

① 資本金の額又は出資金の額が1億円以下の法人で大規模法人に支配されている法人以外の法人

② 資本又は出資を有しない法人のうち常時使用する従業員の数が1,000人以下の法人

ただし，中小企業者のうち適用除外事業者に該当するものは対象から除かれています。

　ここでいう適用除外事業者とは，基準年度の所得金額の合計額を各基準年度の月数の合計額で除し，これに12を乗じて計算した金額が15億円を超える法人をいいます。

　そして，この場合の基準年度は，その事業年度開始の日前3年以内に終了した各事業年度をいいます。

＜適用除外事業者の判定式＞

$$\frac{\text{事業年度開始の日前3年以内に終了した}}{\text{各事業年度の月数の合計数}} \times 12 > 15億円$$

（各事業年度の所得の金額の合計額）

　適用除外事業者の判定にあたって，平均所得金額とは正当額によるものとされ，確定申告により確定した所得の金額が修正申告や更正により変更された場合には，その判定を再度行う必要があります。

　なお，平均所得金額については，以下の場合に調整を行うこととされています。

■適用除外事業者の判定基準となる「平均所得金額」の調整がある場合

	事　由	調整内容
①	事業年度（判定対象年度）開始の日において，判定法人の設立の日の翌日以後3年を経過していない場合	平均所得金額は零（ゼロ）
②	判定対象年度に係る基準年度において欠損金の繰戻還付の適用があった場合	各基準年度の所得金額の合計額から繰戻還付により還付を受けるべき金額の計算の基礎となった欠損金額に相当する金額を控除
③	特定合併等（合併，分割，現物出資，事業の譲受け又は特別の法律に基づく承継で一定のものをいいます）に係る合併法人等に該当する場合	特定合併等に係る被合併法人等の各事業年度等の所得の金額の合計額を加算
④	判定対象年度開始の日から起算して3年前の日（基準日）から判定対象年度開始の日の前日までのいずれかの時において連結法人に該当していた場合	各連結事業年度の連結所得の金額の合計額と各事業年度の所得の金額の合計額を加算した金額
⑤	基準日から判定対象年度開始の日の前日までのいずれかの時において公益法人等又は内国法人である人格のない社団等に該当する場合	収益事業から生じた所得の金額に限る
⑥	外国法人に該当する場合	外国法人の国内源泉所得に係る所得の金額に限る

貴社の過去３年間の所得金額を元に判定を行うと，以下のとおりになります。

$$\frac{28億円+15億円+11億円}{36月} \times 12 \,=\, 18億円$$

　よって，直前３期の所得金額が15億円を超えているため適用除外事業者に該当することとなり，貴社は中小企業投資促進税制の適用を受けることはできません。

共通 項目	**Q1-2　取得価額と付随費用の取扱い**

　中小企業投資促進税制の適用対象となる資産には金額要件がありますが，この場合の取得価額の算定について教えてください。

A1-2

　資産の取得価額とは，その取得のために直接要した費用及び付随費用を含めた金額となります。

解　説

　資産を取得した場合の取得価額は，その資産を購入した場合と自己が建設等をした場合等で，次の金額とされています。

(1)　購入した場合

　購入した資産の取得価額は，次に掲げる金額の合計額となります。

①　その資産の購入の対価（引取運賃，荷役費，運送保険料，購入手数料，関税その他資産の購入のために要した費用）

②　その資産を事業の用に供するために直接要した費用

(2)　建設等をした場合

　自己の建設，製作又は製造（以下「建設等」といいます）した資産の取得価額は，次に掲げる金額の合計額になります。

①　その資産の建設等のために要した原材料費，労務費及び経費の額

②　その資産を事業の用に供するために直接要した費用の額

⑶ リース取引により取得した場合

リース取引により取得したリース資産の取得価額は，以下の金額の合計額となります。

① そのリース期間に支払うべきリース料の合計額（ただし，利息相当額からなる部分の金額を合理的に区分することができる場合には，そのリース料の合計額から利息相当額を控除した金額）

② そのリース資産を事業の用に供するために賃借人が支出する資産の据付費や運送費等の付随費用の額

ただし，次のような費用については，取得に関連して支出した費用であっても，取得価額に算入しないことができます。

- 不動産取得税，自動車取得税などの租税公課等の額
- 建物の建設等のために行った調査，測量，設計，基礎工事等で，その建設計画を変更したことにより不要となったものに係る費用の額
- いったん結んだ資産の取得に関する契約を解除して，他の資産を取得することにした場合に支出する違約金
- 資産を取得するための借入金の利子（使用を開始するまでの期間に係る部分）

なお，リース資産のうち，所有権移転外リース取引により取得したものについては，中小企業投資促進税制に係る特別償却の適用を受けることはできませんので，税額控除について検討することになります。

Q1-3　税額控除の適用を忘れてしまった場合

　前年度において中小企業投資促進税制の対象となる特定機械装置等を取得して指定事業の用に供していましたが，確定申告の際に税額控除の適用を受けることを失念していました。この場合，前年度の更正の請求を行うことで税額控除の適用を受けることができるのでしょうか。

A1-3

　租税特別措置法による税額控除の規定には，いわゆる当初申告要件が課されているため，適用を受けようとする事業年度の確定申告において適用を受けなかった場合には，後日適用を受けることはできません。

解　説

　平成23年12月改正により，法人税における納税者有利となる制度の適用を受ける際に求められていた当初申告要件（確定申告書等に，その適用を受けるべき金額など一定の事項を記載した場合又は一定の書類を添付した場合に限り適用することとされるもの）が廃止されました。

　これにより確定申告書等において制度の適用を受けていない場合であっても，修正申告書や更正請求書に適用を受けるべき金額など一定の事項を記載した書類を添付することにより，修正申告や更正の請求によって新たに制度の適用を受けることができることとなりました。

　しかし，租税特別措置法に規定する税額控除などについては，当初申告要件は存続しており，確定申告書等に添付される書類に特定の事項（資産の取得価額や控除を受ける金額等）を記載する必要があるものとされてい

ます。

　よって確定申告書等において税額控除の適用を受けていない場合には，修正申告書や更正の請求書に適用を受けるべき特定の事項を記載した書類を添付したとしても，修正申告や更正の請求において，新たに制度の適用を受けることはできません。

　ただし，確定申告書において適用を受けるために記載した特定の事項に変動がある場合には，修正申告や更正の請求によってその金額を是正して適用額を増額させる修正を行うことができます。

　例えば，中小企業者等が機械等を取得した場合の税額控除の規定により控除される金額は，確定申告書等に添付された書類に記載される特定の事項である特定機械装置等の取得価額を基礎として計算される税額控除額が限度とされるため，当初の所得に対する法人税の額に変動があった場合には，修正申告又は更正の請求により適用を受ける金額を増額させることができます。

共通項目	**Q1-4　税額控除を適用した場合の法人住民税の課税標準**

　法人住民税の法人税割の課税標準は，法人税法の規定によって計算した法人税額とされていますが，中小企業税制における法人税額の特別控除を適用した場合には，法人住民税の法人税割の課税標準はどのように計算されるのでしょうか。

A1-4

　法人住民税の法人税割の課税標準は，法人税額から特別控除額を控除した後の金額となります。

解　説

　法人住民税の法人税割の課税標準は，法人税法その他の法人税に関する法令の規定によって計算した法人税額等で次に掲げる控除を行う前の額とされています。

①	法人税額からの利子及び配当等に係る所得税額の控除
②	法人税額からの外国税額の控除
③	法人税額からの分配時調整外国税相当額の控除
④	仮装経理に基づく過大申告の場合の更正に伴う法人税額の控除
⑤	試験研究を行った場合の法人税額の特別控除
⑥	国家戦略特別区域において機械等を取得した場合の法人税額の特別控除
⑦	国際戦略総合特別区域において機械等を取得した場合の法人税額の特別控除
⑧	地域経済牽引事業の促進区域内において特定事業用機械等を取得した場合の法人税額の特別控除

⑨	地方活力向上地域等において特定建物等を取得した場合の法人税額の特別控除
⑩	地方活力向上地域等において雇用者の数が増加した場合の法人税額の特別控除
⑪	認定地方公共団体の寄附活用事業に関連する寄附をした場合の法人税額の特別控除
⑫	給与等支給額が増加した場合の法人税額の特別控除
⑬	認定特定高度情報通信技術活用設備を取得した場合の法人税額の特別控除
⑭	事業適応設備を取得した場合等の法人税額の特別控除
⑮	外国関係会社等に係る控除対象所得税額相当額の控除

　なお，⑤，⑧，⑨，⑩，⑫，⑬については，中小企業者等に係る特別控除である場合，⑭については中小企業者等で産業競争力強化法第21条の28第2項に規定する認定事業適応事業者について適用を受けた税額控除である場合には，この税額控除後の法人税額が法人税割の課税標準となります。

　よって，中小企業税制における法人税額の特別控除の適用を受けた場合には，上記に規定されていないことから，税額控除後の法人税額が法人税割の課税標準となります。

中小企業 投資促進 税制	**Q2-1　適用対象資産の範囲と取得価額の判定**

　中小企業投資促進税制の対象となる資産の範囲と取得価額の要件について教えてください。

A2-1

　中小企業投資促進税制の対象となる資産は，その取得後，事業の用に供されたことのない新品の特定機械装置等で一定の要件を満たす資産となります。

解　説

　中小企業投資促進税制は，中小企業者等が指定期間内に新品の特定機械装置等を取得し又は製作して国内にある指定事業の用に供した場合に，その指定事業の用に供した日を含む事業年度において，特別償却又は税額控除を認めるものになります。

　この制度の適用対象となる特定機械装置等は，以下のとおりになります。

機械及び装置	機械及び装置で1台又は1基当たりの取得価額が160万以上のもの
工　具	製品の品質管理の向上等に資する測定工具及び検査工具（電気又は電子を利用するものを含む）で，1台若しくは1基の取得価額が120万円以上のもの又はその事業年度における取得価額の合計額が120万円以上のもの（1台又は1基の取得価額が30万円未満であるものを除く）
ソフトウェア	電子計算機に対する指令であって一の結果を得ることができるように組み合わされたもので，一の取得価額が70万円以上のもの又はその事業年度における取得価額の合計額が70万円以上のもの（ただし，一定のソフトウェアは除く）
車両及び運搬具	貨物の運送の用に供される自動車で輸送の効率化等に資するものとして次のもの 道路運送車両施行規則別表第一に規定する普通自動車で貨物の運送の用に供されるもののうち車両総重量（道路運送車両法第40条第3号に規定する車両総重量をいう）が3.5トン以上のもの
船　舶	海上運送業の用に供される船舶として次のもの 内航海運業法第2条第2項に規定する内航海運業の用に供される船舶（取得価額の75％相当額）

　なお，機械及び装置，工具，器具及び備品又はソフトウェアが法人税法上の圧縮記帳の適用を受けたものであるときは，その圧縮記帳後の金額に基づいて判定を行います。

Q2-2　ソフトウェアを取得した場合の詳細

　中小企業投資促進税制の対象となるソフトウェアについて教えてください。

A2-2

　一の取得価額が70万円以上のソフトウェアで一定のものが対象となります。

解　説

　中小企業投資促進税制の適用対象となるソフトウェアの範囲は，一のソフトウェア（これに関連するシステム仕様書その他の書類を含む）の取得価額が70万円以上のもの（事業年度の取得価額の合計額が70万円以上のものを含む）であって，次のものを除くとされています。

① 　複写して販売するための原本

② 　開発研究（新たな製品の製造若しくは新たな技術の発明又は現に企業化されている技術の著しい改善を目的として特別に行われる試験研究をいう）の用に供されるもの

③ 　サーバー用オペレーティングシステムのうち，国際標準化機構及び国際電気標準会議の規格15408に基づき評価及び認証をされたもの以外のもの

④ 　サーバー用仮想化ソフトウェアのうち，認証サーバー用仮想化ソフトウェア以外のもの

⑤ 　データベース管理ソフトウェアのうち，国際標準化機構及び国際電気標準会議の規格15408に基づき評価及び認証をされたもの以外のもの又は当該非認証データベース管理ソフトウェアに係るデータベースを構成する情報を加工する機能を有するソフトウェア

⑥　連携ソフトウェア（情報処理システムから指令を受けて，当該情報処理システム以外の情報処理システムに指令を行うソフトウェアで，次に掲げる機能を有するものをいう）のうち，ⅰの指令を日本産業規格X5731-8に基づき認証をする機能及びⅰの指令を受けた旨を記録する機能を有し，かつ，国際標準化機構及び国際電気標準会議の規格15408に基づき評価及び認証されたもの以外のもの

　　ⅰ　日本産業規格X0027に定めるメッセージの形式に基づき日本産業規格X4159に適合する言語を使用して記述された指令を受ける機能

　　ⅱ　指令を行うべき情報処理システムを特定する機能

　　ⅲ　その特定した情報処理システムに対する指令を行うにあたり，当該情報処理システムが実行することができる内容及び形式に指令の付加及び変換を行い，最適な経路を選択する機能

⑦　不正アクセス防御ソフトウェア（不正アクセスを防御するために，あらかじめ設定された次に掲げる通信プロトコルの区分に応じそれぞれ次に定める機能を有するソフトウェアであって，インターネットに対応するものをいう）のうち，国際標準化機構及び国際電気標準会議の規格15408に基づき評価及び認証されたもの以外のもの

　　ⅰ　通信路を設定するための通信プロトコル

　　　　ファイアウォール機能（当該通信プロトコルに基づき，電気通信信号を検知し，通過させる機能をいう）

　　ⅱ　通信方法を定めるための通信プロトコル

　　　　システム侵入検知機能（当該通信プロトコルに基づき，電気通信信号を検知し，又は通過させる機能をいう）

　　ⅲ　アプリケーションサービスを提供するための通信プロトコル

　　　　アプリケーション侵入検知機能（当該通信プロトコルに基づき，電気通信信号を検知し，通過させる機能をいう）

中小企業 投資促進 税制	**Q2-3　車両を購入した場合の適用関係**

　車両を購入した場合には，中小企業投資促進税制の適用対象になりますか。

A2-3

　貨物の運送の用に供される普通自動車が，本制度の適用対象となります。

解　説

　中小企業投資促進税制の適用対象となる車両とは，道路運送車両法施行規則別表第1（以下「車両法省令別表第1」といいます）に規定する普通自動車で貨物の運送の用に供されるもののうち，車両総重量が3.5トン以上のものとされています。そのため，貨物の運送の用に供される車両であっても小型自動車は対象資産には該当しません。

　ここでいう貨物の運送の用に供されるものとは，次の2点を満たす自動車のことをいいます。

①　自動車の登録及び検査に関する申請書等の様式等を定める省令第4条第1項第6号に掲げる自動車検査証の最大積載量欄に記載があること

②　実際にその自動車を貨物の運送の用に供していること

　これは道路運送車両法上，貨物の運送の用に供する自動車については，当然に物品積載装置を有していることが必要とされ，この物品積載装置を有するものに限って自動車検査証の最大積載量欄が記載されることとされているためです。

また，普通自動車に該当するかどうか及び車両総重量が3.5トン以上かどうかについては，自動車検査証の自動車の種別欄及び車両総重量欄により判定することができます。

　なお，減価償却資産の耐用年数等に関する省令別表第1（以下「耐用年数省令別表第1」といいます）において特殊自動車に該当するものであっても，車両法省令別表第1においては普通自動車に該当するもの（例：トラックミキサー）が存在しますので，普通自動車に該当するかどうかの判定を耐用年数省令別表第1により行うことはできません。

<table>
<tr><td>中小企業
投資促進
税制</td><td>**Q2-4　リース取引の取扱い（売買処理）**</td></tr>
</table>

　中小企業者等がリース取引を行った場合にも中小企業投資促進税制の適用を受けられるのでしょうか。

A2-4

　リース取引によって資産を取得した場合であっても一定の条件のもと中小企業投資促進税制の適用を受けることができます。

解　説

　法人税法上のリース取引とは，資産の賃貸借で，

① 　その資産の賃貸借に係る契約が，賃貸借期間の中途においてその解除をすることができないものであること又はこれに準ずるものであること

② 　その賃貸借に係る賃借人がその賃貸借に係る資産からもたらされる経済的な利益を実質的に享受することができ，かつ，その資産の使用に伴って生じる費用を実質的に負担すべきこととされているものであること

のいずれも満たす取引をいいます。

　この場合には，リース資産は賃貸人から賃借人への引渡しの時に売買があったものとして，賃貸人からリース資産を取得したものとされます。

　リース取引には次の①～④に該当する所有権移転リース取引と該当しない所有権移転外リース取引があります。

①	リース期間終了の時又はリース期間の中途において，そのリース取引に係る契約において定められているそのリース取引の目的資産が無償又は名目的な対価の額でそのリース取引に係る賃借人に譲渡されるものであること
②	そのリース取引に係る賃借人に対し，リース期間終了時又はリース期間の中途において目的資産を著しく有利な価額で買い取る権利が与えられているものであること
③	目的資産の種類，用途，設置の状況等に照らし，その目的資産がその使用可能期間中そのリース取引に係る賃借人によってのみ使用されると見込まれるものであること又はその目的資産の識別が困難であると認められるものであること
④	リース期間が目的資産の法定耐用年数に比べて相当短いもので，そのリース取引に係る賃借人の法人税を著しく軽減することになると認められるものであること

　中小企業投資促進税制においては，一定の特定機械装置等を取得等した場合に適用できるものとされており，この取得等にはリース取引による取得も含まれるものとなります。

　よって，中小企業者等がリース資産を取得した場合にも，そのリース取引が所有権移転リース取引の場合には，通常の資産の購入と同様に中小企業投資促進税制における特別償却及び税額控除（特定中小企業者等に該当する場合に限る）の規定の適用を受けることができます。
　一方，所有権移転外リース取引の場合には，特別償却の規定の適用はなく，税額控除の規定の適用のみ認められています。

<table>
<tr><td>中小企業
投資促進
税制</td><td>**Q2-5　リース取引の取扱い（賃貸借処理）**</td></tr>
</table>

　当社は所有権移転外リース取引により取得した機械装置について，会計上は売買処理ではなく賃貸借処理を行っています。

　この機械装置は中小企業投資促進税制の適用対象となる特定機械装置等に該当しますが，税額控除の適用を受けることができるのでしょうか。

A2-5

　中小企業者等のうち資本金の額等が３千万円以下である特定中小企業者等が，所有権移転外リース取引により取得した特定機械装置等については税額控除の適用を受けることができます（特別償却の適用はありません。**Q2-4**参照）。

解　説

　企業会計においては，所有権移転外リース取引に関して，原則として通常の賃貸借取引に係る方法に準じた会計処理を廃止し，通常の売買取引に準じて会計処理を行うこととされています。

　ただし，個々のリース資産が少額の場合など企業の事業内容に照らして重要性が乏しい所有権移転外リース取引で一定の場合（下記①～③）においては，売買処理によらず賃貸借処理によることができます。

①	一の契約に係るリース料の総額が300万円以下のリース取引
②	リース期間が１年以内のリース取引
③	リース料総額が購入時に費用処理する基準額以下のリース取引

一方，税法上は会計処理にかかわらずリース資産の賃貸人から賃借人への引渡しの時にリース資産の売買があったものとして，その賃貸人及び賃借人である法人の各事業年度の所得の金額の計算を行うとされています。

　よって，所有権移転外リース取引によって取得した特定機械装置等については，会計処理にかかわらず，中小企業投資促進税制における税額控除の適用を受けることができます（税額控除の適用を受ける場合の控除額は毎年のリース料ではなく，リース料総額を元に算出するリース資産額をベースに計算することとなります）。

　ただし，税額控除の適用を受けることができるのは，中小企業者等のうち資本金の額等が３千万円以下である特定中小企業者等である必要があります。

　なお，オペレーティングリース取引については，売買があったものとはされませんので，本税制の適用を受けることはできません。

中小企業 投資促進 税制	**Q2-6 制度適用後の事業年度において対象資 産の対価について値引きがあった場合**

中小企業投資促進税制の適用を受けた後の事業年度において，その対象となった資産の対価について値引きがあった場合はどのようにすればよいのでしょうか。特別償却の適用を受けた場合と税額控除の適用を受けた場合のそれぞれについて教えてください。

A2-6

特別償却の適用を受けていた場合には，当該値引きがあった事業年度で固定資産の帳簿価額を減額することができます。過去の事業年度に遡って減価償却費や特別償却費を修正する必要はありません。

税額控除の適用を受けていた場合には，原則として供用年度に遡って税額控除限度額の修正を行うものとなります。

解 説

(1) 特別償却の適用を受けていた場合

法人が有する固定資産についてその対価の額の値引き等があった場合には，その値引き等のあった事業年度における決算において，以下の算式により計算した金額の範囲内で，固定資産の帳簿価額を減額できるものとされています。

$$値引き等の額 \times \frac{固定資産の値引き等の直前帳簿価額}{固定資産の値引き等の直前取得価額}$$

この場合，値引き額と減額された帳簿価額との差額は，前期損益修正益等の科目で収益計上することとなります。

すなわち，特別償却の適用を受けた場合については，値引きがあった事

業年度において固定資産の帳簿価額が修正されることとなるため，過去の事業年度に遡って減価償却費や特別償却費を修正する必要はありません。

　また，当該固定資産について，その値引き等のあった事業年度の直前事業年度から繰り越された特別償却不足額（特別償却準備金の積立不足額を含む）があるときは，特別償却不足額の生じた事業年度においてその値引き等があったものとした場合に計算される特別償却限度額を基礎として，当該繰り越された特別償却不足額を修正するものとなります。

　なお，特別償却について，供用事業年度において特別償却準備金の積立として適用を受けていた場合には，上記の値引き等について固定資産の帳簿価額の減額として処理する場合であっても，特別償却準備金の積立額について修正は行わず，所定の期間で均等に益金算入することになります。

⑵　税額控除の適用を受けていた場合
　当該固定資産を指定事業の用に供した事業年度後の事業年度において，その対価の額について値引き等があった場合には，その固定資産の供用事業年度に遡って税額控除限度額の修正を行うものとされています。
　これは取引先との通謀による価額の水増しなどの不正取引を排除することを趣旨としているため，特別償却の適用を受けていた場合と異なり，過去の税務申告に遡って修正を行う必要があります。

中小企業 投資促進 税制	**Q2-7　貸付けの用に供する設備，国外にて 事業の用に供する設備を取得した場合**

　当社は資本金３千万円の製造業を営む青色申告法人です。当期に中小企業投資促進税制に規定する特定機械装置等に該当する資産としてＡ機械を１千万円で，Ｂ機械を５百万円で購入しました。Ａ機械は国外工場で製品の製造を行うこととし，Ｂ機械については国内の他社へ貸し付けるものとして事業の用に供しています。

　この場合において，Ａ機械及びＢ機械について当期に中小企業投資促進税制の適用を受けることはできますでしょうか。

A2-7

　Ａ機械については，国内において指定事業の用に供していないため中小企業投資促進税制の適用を受けることはできません。

　Ｂ機械についても，貸付の用に供する場合は原則として中小企業投資促進税制の適用はありません。ただし，Ｂ機械を専ら自社の製品の加工等の用に供するために自己の下請業者に貸与した場合については，当該法人の営む事業の用に供したものとして中小企業投資促進税制を適用することができます。

解　説

　中小企業投資促進税制は，中小企業者等が指定期間内に新品の特定機械装置等を取得し又は製作して国内にある指定事業（指定事業については，47ページ参照）の用に供した場合に，特別償却又は税額控除の適用を受けることができる制度となります。

A機械については国外工場での製品の製造を行うために事業の用に供されていることから，国内にある指定事業の用に供されていないため中小企業投資促進税制の適用対象になりません。

　B機械については貴社の営む事業は製造業であるため，貸付けの用に供した資産は原則として中小企業投資促進税制の適用対象になりません。

　ただし，その取得等をした特定機械装置等を自己の下請業者に貸し付けた場合において，その特定機械装置等が専ら当該法人のためにする製品の加工等の用に供されるものであるときは，当該特定機械装置等は当該法人の営む事業の用に供したものとして取り扱ってよいこととなっています。

中小企業 投資促進 税制	**Q2-8　特別償却の計算方法**

　当社は資本金２千万円の運送業を営む３月決算法人です。令和３年
10月に大型貨物自動車を１千万円で購入し，同月中に事業の用に供し
ています。当該大型貨物自動車は中小企業投資促進税制における特定
機械装置等に該当するものとして取得した資産になります。

　当社は当該大型貨物自動車について令和４年３月期決算において中
小企業投資促進税制の特別償却の適用を受けようと考えています。

　そこで，当社は今期の決算状況を踏まえて，令和４年３月期決算に
おいては特別償却限度額の２分の１を特別償却し，令和５年３月期決
算において残りの２分の１の特別償却を行う予定です。

　この場合の特別償却の計算方法を教えてください。

A2-8

　取得した特定機械装置等の取得価額から普通償却限度額を控除した金額
の30％を特別償却することができます。また，特別償却に償却不足額があ
る場合には，１年間の繰越しが認められています。

解　説

　中小企業者等が指定期間内に新品の特定機械装置等を取得し又は製作し
て国内にある指定事業の用に供した場合には，特別償却の適用を受けるこ
とができます。この場合の特別償却限度額は，特定機械装置等に該当する
資産の取得価額（船舶の場合には取得価額の75％）に30％を乗じた金額に
なります。

　また，特別償却制度は特定の政策目的に役立つ資産の取得を促進するた
めの制度であることから，ある程度その償却できる期間を幅広くすること

により，その利用度を高める必要があるため，特別償却不足額は1年間の繰越しが認められています。

　特別償却の繰越制度は，その事業年度開始の日前1年以内に開始した各事業年度において生じた特別償却不足額について繰越しを認める制度になります。繰り越すことができる特別償却不足額は，各事業年度において償却費として損金の額に算入された金額が普通償却限度額と特別償却限度額との合計額に満たない場合のその差額のうち，特別償却限度額に達するまでの金額をいいます。

　この繰越制度の適用を受けるためには，特別償却不足額が生じた事業年度からその不足額の繰越しの特例を受ける事業年度まで連続して青色申告書を提出し，連続して減価償却資産の償却限度資産の計算に関する明細書を添付する必要があります。

　貴社の場合のそれぞれの事業年度における具体的計算は，以下のとおりになります。

取得価額	10,000,000円
耐用年数	4年（運送事業用車両）
償却率	0.500（定率法）

(1)　令和4年3月期

① 　普通償却限度額　10,000,000×0.500×6月/12月＝2,500,000
② 　特別償却限度額　10,000,000×30/100＝3,000,000
　（注）特別償却では月数按分は行いません。
③ 　当期償却額　2,500,000＋3,000,000×1/2＝4,000,000
④ 　繰越特別償却不足額　（2,500,000＋3,000,000）－4,000,000＝1,500,000

(2) 令和5年3月期

① 繰越特別控除不足額　1,500,000

② 普通償却限度額

特別償却不足額がある場合は以下の算式により計算します。

普通償却限度額＝（帳簿価額－特別償却不足額）×普通償却率

＝（6,000,000－1,500,000）×0.500＝2,250,000

③ 当期償却限度額　1,500,000＋2,250,000＝3,750,000

Q2-9　税額控除の計算方法

当社は資本金2千万円の運送業を営む3月決算法人です。令和3年10月に特定機械装置等に該当するものとして，新品の大型貨物自動車を1千万円で購入し事業の用に供しています。

そこで，当社は当該大型貨物自動車について令和4年3月期決算において中小企業投資促進税制における税額控除の適用を受けようと考えています。この場合の税額控除の計算方法を教えてください。

A2-9

中小企業投資促進税制における税額控除は，取得した特定機械装置等の取得価額の7％相当額を特別控除限度額として法人税額から控除する制度です。また，税額控除限度額の全部を控除しきれなかった場合には，その控除しきれなかった金額については1年間の繰越しが認められています。

解　説

資本金3千万円以下である中小企業者等が指定期間内に新品の特定機械装置等を取得し又は製作し，国内にある指定事業の用に供した場合には，その設備の取得価額の7％相当額の税額控除を受けることができます。

なお，その事業年度で控除できる金額は調整前法人税額（調整前法人税額とは，研究開発税制など一定の規定を適用しないで計算した場合の法人税の額をいいます）の20％相当額を限度とされています。

また，税額控除限度額がその事業年度の調整前法人税額の20％相当額を超えるために，その事業年度において税額控除限度額の全部を控除しきれなかった場合には，その控除しきれなかった金額（繰越税額控除限度超過額額）については1年間の繰越しが認められています。

貴社の場合のそれぞれの年度における具体的計算方法は，以下のとおりになります。

(1)　令和４年３月期の計算方法（調整前法人税額は120万円とします）

```
取得価額　10,000,000円
税額控除限度額　10,000,000×7％＝700,000
調整前法人税額の20％　1,200,000×20％＝240,000
税額控除額　700,000＞240,000　∴240,000
```

　貴社は資本金２千万円であるため税額控除の適用を受けることができます。この場合，税額控除限度額は取得した特定機械装置等の取得価額の７％相当額となります。

　税額控除限度額がその事業年度の法人税額の20％相当額を超えた場合には，その事業年度において税額控除限度額の全部を控除することができませんが，その控除しきれなかった金額については１年間の繰越しが認められます。

(2)　令和５年３月期の計算方法（調整前法人税額は１千万円とします）

```
繰越税額控除限度超過額　700,000－240,000＝460,000
調整前法人税額の20％　10,000,000×20％＝2,000,000
税額控除額　460,000＜2,000,000　∴460,000
```

　なお，税額控除の場合には，普通償却限度額に達するまで毎期償却費を計上することができます。

<table>
<tr><td>中小企業
投資促進
税制</td><td>**Q2-10 適用対象資産が２以上ある場合の
特別償却と税額控除の選択適用**</td></tr>
</table>

当社は資本金２千万円の中小企業者等に該当する青色申告法人です。当期に中小企業投資促進税制に規定する特定機械装置等に該当する機械Ａと機械Ｂを取得し，国内の指定事業の用に供しています。

当社はこの特定機械装置等について中小企業投資促進税制の適用を受けて，機械Ａについては特別償却を選択し，もう一方の機械Ｂについては税額控除を選択しようと考えています。

この場合，それぞれで希望通りの適用を受けることができるのでしょうか。

A2-10

同一事業年度内に取得した特定機械装置等については，それぞれの特定機械装置等について特別償却と税額控除を適用することができます。

解　説

中小企業投資促進税制は，中小企業者等が指定期間内に特定機械装置等でその製作の後，事業の用に供されたことのないものの取得又は特定機械装置等の製作をし，指定事業の用に供した場合において，その特定機械装置等の取得価額の30％相当額の特別償却又は特定中小企業者等（中小企業者等のうち資本金の額等が３千万円以下の法人）については，その特定機械装置等の取得価額の７％相当額の税額控除との選択適用ができるものとされています。

この場合において，同一事業年度内に特定機械装置等を複数取得した場合に，取得した全ての特定機械装置等について一律に特別償却又は税額控

除のいずれか一方のみを適用する旨の定めはありません。

　したがって，個々の特定機械装置等ごとに特別償却又は税額控除を選択して適用することができます。

　貴社は特定中小企業者等に該当するため税額控除の適用を受けることができますので，取得した機械Ａについては特別償却を選択し，機械Ｂについては税額控除を適用することができます。

中小企業 投資促進 税制	**Q2-11　他の制度との重複適用の可否と適用 　　　　　順位**

　当社は資本金３千万円の卸売業を営む法人です。当社は令和４年３月期において倉庫の大型機械としてA機械とB機械を取得し事業の用に供しています。

　A機械とB機械はいずれも中小企業投資促進税制の対象となる新品の特定機械装置等に該当し指定事業の用に供しています。また，A機械については中小企業経営強化税制における特定経営力向上設備の収益力強化設備として経営力向上計画の認定も受けています。

　この場合，A機械は中小企業投資促進税制及び中小企業経営強化税制の両規定を重複して適用を受けることは可能でしょうか。

　また，当社の令和４年３月期は，A機械とB機械で税額控除を行うと当期の法人税額の20％を超えてしまいます。

　この場合，中小企業投資促進税制と中小企業経営強化税制でどちらの税額控除を先に適用すればいいのでしょうか。

A2-11

　A機械について中小企業投資促進税制及び中小企業経営強化税制の両規定を重複して適用することはできません。

　また，２以上の資産についてそれぞれ中小企業投資促進税制及び中小企業経営強化税制の税額控除の適用を受けることができる場合の税額控除の適用順序は中小企業投資促進税制，中小企業経営強化税制の順で控除することとされています。

解　説

　法人が取得した資産が当該事業年度において租税特別措置法に規定する

特別償却又は特別控除の各種規定のうち2以上の規定の適用を受けることができるものである場合には，当該資産については，これらの規定のうちいずれか1の規定のみを適用するものとされています。

　このため，A機械については中小企業投資促進税制及び中小企業経営強化税制の両規定の適用要件を満たしていたとしても，両規定の適用を受けることはできず，いずれの規定の適用を受けるのか選択する必要があります。

　また，税額控除を受ける場合には当期の調整前法人税額の20％が上限とされていることから，2以上の資産についてそれぞれ異なる税額控除の適用を受けることができる場合には，その控除する順序を考慮する必要があります。この場合において控除する順序は，まず中小企業投資促進税制における税額控除を行った後に，中小企業経営強化税制における税額控除を行うものとされています。

　よって，当期にA機械について中小企業経営強化税制の適用を受け，B機械について中小企業投資促進税制の適用を受ける場合には，B機械における税額控除の金額を控除した後にA機械の税額控除の金額を控除することとなります。

中小企業 投資促進 税制	# Q2-12　特別償却の場合の申告書の記載例

Q2-8の場合において，法人税の確定申告を行う場合に留意することがあれば教えてください。

A2-12

中小企業投資促進税制を適用するためには，法人税申告書に一定事項を記載し，一定の書類を添付して申告する必要があります。

解　説

特別償却を受けるためには，確定申告書に次の書類を添付する必要があります。

- 旧定率法又は定率法による減価償却資産の償却額の計算に関する明細書（別表16⑵（償却方法として定額法を採用する場合には別表16⑴））
- 中小企業者等又は中小連結法人が取得した機械等の特別償却の償却限度額の計算に関する付表（特別償却の付表⑵）
- 適用額明細書

特別償却の適用を受ける場合の記載例は，次のとおりです。

[貴社の概要]

(1)	事業の種類	道路貨物運送業
(2)	決算月	3月
(3)	資本金	20,000,000円
(4)	設備の種類等	車両運搬具（大型貨物自動車）
(5)	取得日・事業供用日	令和3年10月1日
(6)	取得価額	10,000,000円
(7)	耐用年数	4年
(8)	償却方法/償却率	定率法/ 0.500

(1) 令和4年3月期

　特別償却限度額の2分の1を特別償却することとしていたため，特別償却不足額が150万円生じています。

[再掲]

①	普通償却限度額　10,000,000×0.500×6月/12月＝2,500,000
②	特別償却限度額　10,000,000×30/100＝3,000,000
	（注）特別償却では月数按分は行いません。
③	当期償却額　2,500,000+3,000,000×1/2＝4,000,000
④	繰越特別償却不足額　（2,500,000＋3,000,000）－4,000,000＝1,500,000

　この場合の記載は，以下のとおりとなります（125〜126ページ）。

■別表16(2)

旧定率法又は定率法による減価償却資産の償却額の計算に関する明細書

事業年度又は連結事業年度	令和 3・4・1 令和 4・3・31	法人名	株式会社当社

資産区分				
種　　　　　類	1	車両運搬具					
構　　　　　造	2	大型貨物自動車					
細　　　　　目	3						
取　得　年　月　日	4	令 3・10・1	・　・	・　・	・　・	・　・
事業の用に供した年月	5	令 3・10	・	・	・	・
耐　用　年　数	6	4 年	年	年	年	年

取得価額	取得価額又は製作価額	7	外 10,000,000 円	外 円	外 円	外 円	外 円
	圧縮記帳による積立金計上額	8					
	差　引　取　得　価　額 (7) − (8)	9	10,000,000				

償却額計算の基礎となる額	償却額計算の対象となる期末現在の帳簿記載金額	10	6,000,000				
	期末現在の積立金の額	11					
	積立金の期中取崩額	12					
	差 引 帳 簿 記 載 金 額 (10) − (11) − (12)	13	外 6,000,000	外	外	外	外
	損金に計上した当期償却額	14	4,000,000				
	前期から繰り越した償却超過額	15	外	外	外	外	外
	合　　　　　計 (13) + (14) + (15)	16	10,000,000				
	前期から繰り越した特別償却不足額又は合併等特別償却不足額	17					
	償却額計算の基礎となる金額 (16) − (17)	18	10,000,000				

当期分の普通償却限度額等	平成19年3月31日以前取得分	差引取得価額 × 5 % (9) × 5/100	19					
		旧定率法の償却率	20					
	(16) > (19) の場合	算　出　償　却　額 (18) × (20)	21	円	円	円	円	円
		増　加　償　却　額 (21) × 割増率	22	( )	( )	( )	( )	( )
		計 (21) + (22) 又は((18) − (19))	23					
	(16) ≦ (19) の場合	算　出　償　却　額 ((19) − 1円) × 12/60	24					
	平成19年4月1日以後取得分	定率法の償却率	25	0.500 (6/12)				
		調　整　前　償　却　額 (18) × (25)	26	(5,000,000)円 2,500,000	円	円	円	円
		保　　証　　率	27	0.12499				
		償　却　保　証　額 (9) × (27)	28	円 1,249,900	円	円	円	円
	(26) < (28) の場合	改 定 取 得 価 額	29					
		改 定 償 却 率	30					
		改 定 償 却 額 (29) × (30)	31	円	円	円	円	円
		増　加　償　却　額 ((26) 又は (31)) × 割増率	32	( )	( )	( )	( )	( )
		計 ((26) 又は (31)) + (32)	33	2,500,000				

当期分の償却限度額	当期分の普通償却限度額等 (23)、(24) 又は (33)	34	2,500,000				
	特別償却限度額	租税特別措置法適用条項	35	42条の6 第 1 項 0.300	条 項	条 項	条 項	条 項
		特別償却限度額	36	外 3,000,000 円	外 円	外 円	外 円	外 円
	前期から繰り越した特別償却不足額又は合併等特別償却不足額	37					
	計 (34) + (36) + (37)	38	5,500,000				

当　期　償　却　額	39	4,000,000				

差引	償却不足額 (38) − (39)	40	1,500,000				
	償却超過額 (39) − (38)	41					

償却超過額	前期からの繰越額	42	外	外	外	外	外
	当期損金認容額	償却不足によるもの	43					
		積立金取崩しによるもの	44					
	差引合計翌期への繰越額 (41) + (42) − (43) − (44)	45					

特別償却不足額	翌期に繰り越すべき特別償却不足額 ((40) − (43)) と ((36) + (37)) のうち少ない金額	46	1,500,000				
	当期において切り捨てる特別償却不足額又は合併等特別償却不足額	47					
	差引翌期への繰越額 (46) − (47)	48	1,500,000				
	翌期への繰越額の内訳	・　・	49					
		当 期 分 不 足 額	50	1,500,000				

適格組織再編成により引き継ぐべき合併等特別償却不足額 ((40) − (43)) と (36) のうち少ない金額)	51					

備考

別表十六(二)　令三・四・一以後終了事業年度又は連結事業年度分

■特別償却の付表⑵

中小企業者等又は中小連結法人が取得した機械等の特別償却の償却限度額の計算に関する付表（措法42の6①、68の11①、旧措法42の6①、68の11①）

| 事業年度 又は連結 事業年度 | 令和 3・4・1 令和 4・3・31 | 法人名 | 株式会社当社 |

特定機械装置等の区分	1	42条の6第1項 （ 3 ）号 68条の11第1項 （ ）号 旧42条の6第1項 （ ）号 旧68条の11第1項	42条の6第1項 （ ）号 68条の11第1項 （ ）号 旧42条の6第1項 （ ）号 旧68条の11第1項	42条の11第1項 （ ）号 68条の11第1項 （ ）号 旧42条の6第1項 （ ）号 旧68条の11第1項
事 業 の 種 類	2	道路貨物運送業		
（機械・装置の耐用年数表の番号） 特定機械装置等の種類等	3	（ ） 運送事業用車両	（ ）	（ ）
特定機械装置等の名称	4	大型貨物自動車		
設置した工場、事業所等の名称	5	本社		
取 得 等 年 月 日	6	令 3・10・1	・ ・	・ ・
事業の用に供した年月日	7	令 3・10・1	・ ・	・ ・
購 入 先	8	株式会社他社		
取 得 価 額	9	10,000,000 円	円	円
基 準 取 得 価 額 割 合	10	$\frac{75又は100}{100}$	$\frac{75又は100}{100}$	$\frac{75又は100}{100}$
基 準 取 得 価 額 (9)×(10)	11	10,000,000 円	円	円
特 別 償 却 率	12	$\frac{30}{100}$	$\frac{30}{100}$	$\frac{30}{100}$
特 別 償 却 限 度 額 (11)×(12)	13	3,000,000 円	円	円
償却・準備金方式の区分	14	償却・準備金	償却・準備金	償却・準備金
適用要件等	国際標準化機構及び国際電気標準会議の規格15408に基づく評価及び認証の有無	15	有 ・ 無	有 ・ 無	有 ・ 無
	当期における特定の工具又は特定のソフトウエアの取得価額の合計額	16	円	円	円
	その他参考となる事項	17			

中 小 企 業 者 又 は 中 小 連 結 法 人 の 判 定					
発行済株式又は出資の総数又は総額	18		順位	大規模法人	株式数又は出資金の額
(18)のうちその有する自己の株式又は出資の総数又は総額	19	大規模法人等の保有する明細	1		26
差 引(18)－(19)	20				27
常時使用する従業員の数	21		人		28
大規模法人の保有する株式合	第1順位の株式数又は出資金の額 (26)	22				29
	保 有 割 合 $\frac{(22)}{(20)}$	23		%		30
	大規模法人の保有する株式数等の計 (32)	24				31
	保 有 割 合 $\frac{(24)}{(20)}$	25		%	計 (26)＋(27)＋(28)＋(29)＋(30)＋(31)	32

※中小企業者又は中小連結法人の判定の記載は省略しています。

特別償却の付表 ㈡ 令三・四・一以後終了事業年度又は連結事業年度分

126　第3章　実践！特別償却 or 税額控除 ？

⑵　令和5年3月期

　令和4年3月期の繰越特別償却不足額を当期に利用する場合には，次ページのとおりとなります。なお，新規の特定機械装置等の取得はありません。

[再掲]

① 繰越特別控除不足額　1,500,000

② 普通償却限度額
　　特別償却不足額がある場合は以下の算式により計算します。
　　普通償却限度額＝（帳簿価額－特別償却不足額）×普通償却率
　　　　　　　　　＝（6,000,000－1,500,000）×0.500＝2,250,000

③ 当期償却限度額　1,500,000＋2,250,000＝3,750,000

■令和5年3月期の別表16(2)

旧定率法又は定率法による減価償却資産の償却額の計算に関する明細書

| 事業年度又は連結事業年度 | 令和 4・4・1
令和 5・3・31 | 法人名 | 株式会社当社 |

令三・四・一以後終了事業年度又は連結事業年度分

資産区分	種類	1	車両運搬具				
	構造	2	大型貨物自動車				
	細目	3					
	取得年月日	4	令 3・10・1	・・	・・	・・	・・
	事業の用に供した年月	5	令 3・10	・	・	・	・
	耐用年数	6	4 年	年	年	年	年
取得価額	取得価額又は製作価額	7	外 10,000,000	外 円	外	外	外
	圧縮記帳による積立金計上額	8					
	差引取得価額 (7) - (8)	9	10,000,000				
償却額計算の基礎となる額	償却額計算の対象となる期末現在の帳簿記載金額	10	2,250,000				
	期末現在の積立金の額	11					
	積立金の期中取崩額	12					
	差引帳簿記載金額 (10) - (11) - (12)	13	外 2,250,000	外	外	外	外
	損金に計上した当期償却額	14	3,750,000				
	前期から繰り越した償却超過額	15	外	外	外	外	外
	合計 (13) + (14) + (15)	16	6,000,000				
	前期から繰り越した特別償却不足額又は合併等特別償却不足額	17	1,500,000				
	償却額計算の基礎となる金額 (16) - (17)	18	4,500,000				
当期分の普通償却限度額等	平成19年3月31日以前取得分	差引取得価額×5% (9)×5/100	19					
		旧定率法の償却率	20					
	(16)>(19)の場合	算出償却額 (18)×(20)	21	円	円	円	円	円
		増加償却額 (21)×割増率	22	( )	( )	( )	( )	( )
		計 (21) + (22) 又は(18) - (19)	23					
	(16)≦(19)の場合	算出償却額 ((19) - 1円)×12/60	24					
	平成19年4月1日以後取得分	定率法の償却率	25	0.500				
		調整前償却額 (18)×(25)	26	2,250,000	円	円	円	円
		保証率	27	0.12499				
		償却保証額 (9)×(27)	28	1,249,900	円	円	円	円
	(26)<(28)の場合	改定取得価額	29					
		改定償却率	30					
		改定償却額 (29)×(30)	31	円	円	円	円	円
		増加償却額 ((26)又は(31))×割増率	32	( )	( )	( )	( )	( )
		計 ((26)又は(31)) + (32)	33	2,250,000				
	当期分の普通償却限度額等 (23)、(24)又は(33)	34	2,250,000				
当期分の償却限度額	特別償却限度額	租税特別措置法適用条項	35	条 項	条 項	条 項	条 項	条 項
		特別償却限度額	36	外 円	外 円	外	外 円	外
	前期から繰り越した特別償却不足額又は合併等特別償却不足額	37	1,500,000				
	合計 (34) + (36) + (37)	38	3,750,000				
当期償却額	39	3,750,000					
差引	償却不足額 (38) - (39)	40					
	償却超過額 (39) - (38)	41					
償却超過額	前期からの繰越額	42	外	外	外	外	外
	当期損金認容額	償却不足によるもの	43					
		積立金取崩しによるもの	44					
	差引合計翌期への繰越額 (41) + (42) - (43) - (44)	45					
特別償却不足額	翌期に繰り越すべき特別償却不足額 (40) - (43)と(36) + (37)のうち少ない金額	46					
	当期において切り捨てる特別償却不足額又は合併等特別償却不足額	47					
	差引翌期への繰越額 (46) - (47)	48					
	翌期への繰越額の内訳		49					
		当期分不足額	50					
適格組織再編成により引き継ぐべき合併等特別償却不足額 ((40) - (43))と(36)のうち少ない金額	51						

備考

Q2-13　税額控除の場合の申告書の記載例

Q2-9の場合において，法人税の確定申告を行う場合に留意することがあれば教えてください。

A2-13

中小企業投資促進税制を適用するためには，法人税申告書に一定事項を記載し，一定の書類を添付して申告する必要があります。

解　説

税額控除の適用を受けるためには，確定申告書等に特定機械装置等の取得価額，控除を受ける金額を記載するとともに，次の書類を添付して申告する必要があります。

- 中小企業者等が機械等を取得した場合の法人税額の特別控除に関する明細書（別表 6 (14)）
- 適用額明細書

税額控除の適用を受ける場合の記載例は，次のとおりです。

［貴社の概要］

(1)	事業の種類	道路貨物運送業
(2)	決算月	3 月
(3)	資本金	20,000,000円
(4)	設備の種類等	車両運搬具（大型貨物自動車）
(5)	取得日・事業供用日	令和 3 年10月 1 日

(6) 取得価額	10,000,000円
(7) 耐用年数	4年
(8) 償却方法/償却率	定率法/ 0.500
(9) 令和4年3月期の税額控除適用前法人税額	1,200,000円
(10) 令和5年3月期の税額控除適用前法人税額	10,000,000円

(1) 令和4年3月期

　税額控除限度額が当期の調整前法人税額の20％相当額を超えるため，税額控除不足額が46万円発生します。

[再掲]

取得価額　10,000,000円
税額控除限度額　10,000,000× 7 ％＝700,000
調整前法人税額の20％　1,200,000×20％＝240,000
税額控除額　700,000＞240,000　∴240,000

　税額控除を受ける場合の申告書の記載例は，次のとおりです。

中小企業者等が機械等を取得した場合の法人税額の特別控除に関する明細書			事業年度	令和 3・4・1 令和 4・3・31	法人名	株式会社当社							別表六(十四) 令三・四・一 以後終了事業年度分

資産区分	措法第42条の６第１項各号の該当号	1	第 3 号	第 号	第 号	第 号	第 号
	事 業 種 目	2	道路貨物運送業				
	種 類	3	車両及び運搬具				
	設 備 の 種 類 又 は 区 分	4	運送事業用車両				
	取 得 年 月 日	5	令 3・10・1				
	指定事業の用に供した年月日	6	令 3・10・1				
取得価額	取 得 価 額 又 は 製 作 価 額	7	円 10,000,000	円	円	円	円
	法人税法上の圧縮記帳による積立金計上額	8	0				
	差 引 改 定 取 得 価 額 $((7)-(8))$又は$(((7)-(8))\times\frac{75}{100})$	9	10,000,000				

法 人 税 額 の 特 別 控 除 額 の 計 算							
当期分	取 得 価 額 の 合 計 額 ((9)の合計)	10	円 10,000,000	前期繰越分	差 引 当 期 税 額 基 準 額 残 額 $(13)-(14)-($別表六(二十二)「14」$)$ $-($別表六(二十三)「15」$)$	17	円 0
	税 額 控 除 限 度 額 $(10)\times\frac{7}{100}$	11	700,000		繰越税額控除限度超過額 (23の計)	18	
	調 整 前 法 人 税 額 (別表一「2」又は別表一の三「2」若しくは「14」)	12	1,200,000		同上のうち当期繰越税額控除可能額 ((17)と(18)のうち少ない金額)	19	
	当 期 税 額 基 準 額 $(12)\times\frac{20}{100}$	13	240,000		調整前法人税額超過構成額 (別表六(六)「7の⑤」)	20	
	当 期 税 額 控 除 可 能 額 ((11)と(13)のうち少ない金額)	14	240,000		当 期 繰 越 税 額 控 除 額 (19)-(20)	21	
	調整前法人税額超過構成額 (別表六(六)「7の⑥」)	15			法 人 税 額 の 特 別 控 除 額 (16)+(21)	22	240,000
	当 期 税 額 控 除 額 (14)-(15)	16	240,000				

翌 期 繰 越 税 額 控 除 限 度 超 過 額 の 計 算			
事業年度又は連結事業年度	前 期 繰 越 額 又 は 当 期 税 額 控 除 限 度 額 23	当 期 控 除 可 能 額 24	翌 期 繰 越 額 (23)-(24) 25
	円	円	外 円
計		(19)	
当 期 分	(11) 700,000	(14) 240,000	外 460,000
合 計			460,000

機 械 装 置 等 の 概 要

(2) 令和5年3月期

繰越税額控除限度額があることから，税額控除額計算のために別表を作成します。なお，新規の特定機械装置等の取得はありません。

[再掲]

繰越税額控除限度超過額　700,000 − 240,000 = 460,000
調整前法人税額の20%　10,000,000 × 20% = 2,000,000
税額控除額　460,000 < 2,000,000　∴460,000

■令和５年３月期の別表６⒁

中小企業者等が機械等を取得した場合の法人税額の特別控除に関する明細書		事業年度	令和 4・4・1 令和 5・3・31	法人名	株式会社当社							別表六（十四）

措法第42条の６第１項各号の該当号	1	第　　号	第　　号	第　　号	第　　号	第　　号
事　業　種　目	2					
資産区分 種　　類	3					
設備の種類又は区分	4					
取得年月日	5					
指定事業の用に供した年月日	6					
取得価額 取得価額又は製作価額	7	円	円	円	円	円
法人税法上の圧縮記帳による積立金計上額	8					
差引改定取得価額 $((7)-(8))$又は$(((7)-(8))×\frac{75}{100})$	9					

法　人　税　額　の　特　別　控　除　額　の　計　算

			当期分				前期繰越分		
取得価額の合計額 （(9)の合計）	10	円		差引当期税額基準額残額 (13)-(14)-（別表六(二十二)「14」） -（別表六(二十三)「15」）	17	2,000,000 円
税額控除限度額 $(10)×\frac{7}{100}$	11			繰越税額控除限度超過額 （23の計）	18	460,000
調整前法人税額 （別表一「2」又は別表一の三「2」若しくは「14」）	12	10,000,000		同上のうち当期繰越税額控除可能額 （(17)と(18)のうち少ない金額）	19	460,000
当期税額基準額 $(12)×\frac{20}{100}$	13	2,000,000		調整前法人税額超過構成額 （別表六(六)「7の⑤」）	20	
当期税額控除可能額 （(11)と(13)のうち少ない金額）	14			当期繰越税額控除額 （(19)-(20)）	21	460,000
調整前法人税額超過構成額 （別表六(六)「7の⑥」）	15			法人税額の特別控除額 （(16)+(21)）	22	460,000
当期税額控除額 （(14)-(15)）	16					

翌　期　繰　越　税　額　控　除　限　度　超　過　額　の　計　算

事業年度又は連結事業年度	前期繰越額又は当期税額控除限度額 23	当期控除可能額 24	翌期繰越額 (23)-(24) 25
令 3・4・1 令 4・3・31	460,000 円	460,000 円	円
計	460,000	(19) 460,000	
当期分	(11)	(14)	外
合計			

機　械　装　置　等　の　概　要

令三・四・一以後終了事業年度分

中小企業 経営強化 税制	**Q3-1　A類型における生産性向上設備の 詳細**

　どのような設備が中小企業経営強化税制の適用対象となるA類型
（生産性向上設備）に該当するか，教えてください。

A3-1

　一定の機械及び装置，工具，器具及び備品，建物附属設備及びソフト
ウェアで，次に掲げる要件を満たすものが該当します。
　①　一定期間内に販売されたモデルであること
　②　経営力の向上に資するものの指標が旧モデルと比較して年平均1％
　　以上向上していること

解　説

(1)　生産性向上設備の内容

　生産性向上設備に該当するかどうかは，設備の種類ごとに定められてい
ます。まとめると次のとおりです。

■本税制の対象となる特定経営力向上設備等（生産性向上設備）の内容

設備の種類	取得価額 （単位ごとの最低価額）	販売開始時期
機械及び装置	160万円以上	10年以内
工具（測定工具・検査工具に限る）	30万円以上	5年以内
器具及び備品	30万円以上	6年以内
建物附属設備	60万円以上	14年以内
ソフトウェア ※設備の稼働状況等に係る情報収集機	70万円以上	5年以内

能及び分析・指示機能を有するもの に限ります ※複写して販売するための原本，開発 研究用のもの，サーバー用OSのうち 一定のものなどは除きます		

(2)　一定期間内に販売されたモデルであること

　本税制の適用を受けるためには，当該設備の販売開始日が，取得日から一定期間に属する年度開始の日以後であることが必要となります。一定期間は設備ごとに定められており，前記(1)のとおりです。なお，販売開始年度は，カタログや仕様書等で確認できる合理的な時期を，年度はその年の1月1日から12月31日までの期間をいいます。

(3)　経営力の向上に資するものの指標が旧モデルと比較して年平均１％以上向上していること

　経営力の向上に資するものの指標については，「単位時間当たりの生産量」「精度」「エネルギー効率」などが代表例として挙げられます。この生産性指標については，単一の指標で年平均１％以上向上することが必要です。

　例えば，単位時間当たりの生産量が0.5％及びエネルギー効率が0.5％向上し，合計で１％向上した場合には，単一の指標としては年平均１％以上の向上ではないので対象外となります。

　年１％以上向上しているかどうかの比較対象は，事業者が現在使用しているモデルとの比較ではなく，当該設備を製造しているメーカーの一代前モデルと比較します。

　一代前のモデルは，機能や構造の変更など，大きな変更があった場合をモデル変更とみなし，その変更前のモデルを指します。ただし，デザイン（色等）の変更など，機能が変わらない変更についてはモデル変更とはみ

なせません。生産性向上について，適切に比較できるかという観点から，設備メーカーにおいて判断します。

　また，設備メーカーが新事業を開始した場合など，比較すべき旧モデルが全くない新製品については，比較する指標がないため，販売開始時期のみが要件となります。

　なお，上記指標はあくまで代表例であり，実際の指標の選択は，様々な機能に対する設備メーカーの創意工夫を促す観点から，メーカーに一任されています。よって，工業会等は，その指標が生産性の向上を図るための判断基準としてふさわしいものであるかどうかを確認することになります。

A類型の適用を受けたいのですが，その手続きについて教えてください。

A3-2

A類型の適用は，工業会証明書を取得し，A類型に係る経営力向上計画の認定を受けた上で一定の設備を取得等し，事業の用に供した場合に受けられます。

解　説

中小企業経営強化税制は，青色申告書を提出する中小企業等経営強化法の経営力向上計画の認定を受けた一定の中小企業者などが平成29年4月1日から令和5年3月31日までの期間内に，新品の特定経営力向上設備等を取得又は製作若しくは建設して，国内にあるその法人の指定事業の用に供した場合に，その指定事業の用に供した日を含む事業年度において適用を受けられます。

A類型での適用を受けるためには，経営力向上計画の認定を受ける際に，工業会証明書の写しの添付が必要となります。

A類型の適用を受けるための手続きは，以下のとおりとなります。

■手続きスキーム図

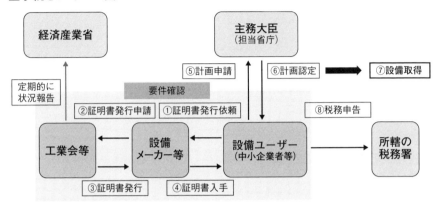

① 設備ユーザーである事業者は，当該設備を生産した設備メーカーに証明書の発行を依頼します。同時に複数の同じ設備を導入する場合には，経営力向上計画の申請書に導入予定の個数を記載することで，１枚の工業会証明書にて対応可能です。同じ設備について違う取得時期で導入する場合，例えば翌年の取得設備に関しては，販売開始要件の前提条件である取得時期が異なるため，別の工業会証明書を取得する必要があります。

② 依頼を受けた設備メーカーは，証明書及びチェックシートに必要事項を記入の上，当該設備を担当する工業会等の確認を受けます。

③ 工業会等は，証明書及びチェックシートの記入内容を確認の上，設備メーカーに証明書を発行します。

④ 工業会等から証明書の発行を受けた設備メーカーは，依頼があった事業者に証明書を転送します。なお，工業会証明書の申請から発行されるまで数日から２か月程度かかるとされています。

⑤・⑥ 設備ユーザーである事業者は，④の確認を受けた設備を経営力向上計画に記載し，計画申請書及びその写しとともに④の工業会証明書の写しを添付して，主務大臣に計画申請します。主務大臣は，計画認定書と計画申請書の写しを設備ユーザーに交付します。なお，申請から認定には，申

請から１か月程度かかるとされています。

⑦・⑧　認定を受けた経営力向上計画に基づき取得した経営力向上設備等について，税法上他の要件を満たす場合には，Ａ類型の適用を受けることができます。Ａ類型を適用した事業年度の確定申告書については，工業会証明書，計画申請書及び計画認定書の写しを添付する必要があります。

（出所）中小企業庁「中小企業等経営強化法に基づく支援措置活用の手引き」をもとに一部加筆。

中小企業 経営強化 税制	**Q3-3　A類型の適用を受けるための設備の取得時期**

　当社は小売業を営む３月決算の法人です。店舗の販売情報を一元的に管理できるよう，取得価額１台につき50万円のPOSレジを複数台導入しようと考えています。

　今期は業績も良く，多額の納税が生じる見込みですので，できるだけ早めにPOSレジを取得し事業の用に供したいと考えていますが，仮に経営力向上計画の認定より前に設備を取得した場合は，中小企業経営強化税制を適用することはできないのでしょうか。

　なお，税法上の他の要件は満たしています。

A3-3

　設備取得日から60日以内に経営力向上計画が受理される場合は，適用を受けることができます。また，新型コロナウイルス感染症の影響を鑑み，経営力向上計画の申請にあたり一定の柔軟な取扱いが認められています。

解　説

　A類型の適用に限らず，中小企業経営強化税制の適用を受けるためには，中小企業等経営強化法の認定を受ける必要があり，計画認定後に特定経営力向上設備等を取得することが原則となります。ただし，例外として設備取得後に経営力向上計画を提出する場合には，取得日から60日以内に経営力向上計画が受理される必要があります（計画変更により事業に必要な設備を追加する場合も同様です）。

　なお，設備の取得時期は，平成29年４月１日以降かつ計画の実施期間内に取得したものである必要があります。この場合において税制の適用を受けるためには，当該設備を取得し事業の用に供した日の属する事業年度内

に認定を受ける必要があります。

　また，新型コロナウイルス感染症の影響が長期化する等，経営力向上計画の認定を迅速化する観点から，令和3年8月2日以降の経営力向上計画の申請においては，工業会証明書の申請手続と同時並行で，計画認定に係る審査を行うことができます。

　設備の取得時期について整理すると，次ページのとおりです。

■原則（経営力向上計画の認定を受けてから設備を取得するケース）

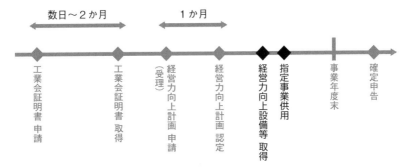

■例外①（設備取得した後に経営力向上計画を申請するケース）

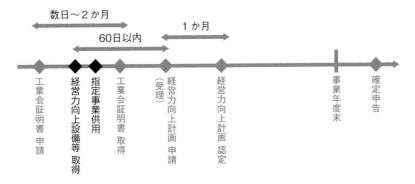

■例外②（工業会証明書の申請手続と同時並行で計画を申請するケース）

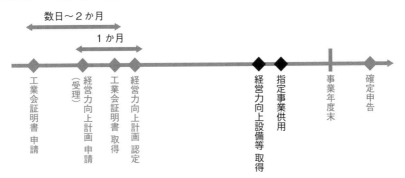

> どのような設備が中小企業経営強化税制の対象となるＢ類型（収益力強化設備）に該当するか，教えてください。

A3-4

　一定の機械及び装置，工具，器具及び備品，建物附属設備及びソフトウェアで，年平均の投資利益率（ROI）が５％以上となることが見込まれるものであることにつき経済産業大臣の確認を受けた投資計画に記載されたものが該当します。

解　説

(1)　収益力強化設備の内容

　収益力強化設備に該当するかどうかは，下図のように設備の種類ごとに定められています。

■本税制の対象となる特定経営力向上設備等（収益力強化設備）の内容

設備の種類	取得価額（単位ごとの最低価額）
機械及び装置	160万円以上
工具，器具及び備品	30万円以上
建物附属設備	60万円以上
ソフトウェア ※複写して販売するための原本，開発研究用のもの， 　サーバー用OSのうち一定のものなどは除きます	70万円以上

(2) 投資利益率（ROI）の算出方法

年平均のROIは，次の算式によって算定します。

$$\frac{（営業利益＋減価償却費）の増加額}{設備投資額} \geq 5\%$$

ROIが５％以上となるためには，その収益力向上設備を導入することで，売上が増加すること，又は売上原価若しくは販売費及び一般管理費が減少することが求められ，（営業利益＋減価償却費）の増加額は，設備の取得等をする年度の翌年度以降３年度の平均額により計算します。なお，減価償却費は，会計上の減価償却費です。

設備投資額は，設備の取得等をする年度におけるその取得等をする設備の取得価額の合計額をいいます。

B類型の確認は，税制の対象となるかを判定するものではなく，投資計画のROIを確認する手続きとなるため，設備投資額は，当該投資目的を達成するために必要不可欠な設備の取得価額の合計額となります。

例えば，収益力強化設備の投資において，本税制の対象外となっている設備（車両，160万円未満の機械装置など）を同時に導入する場合には，その金額も分母の設備投資額に加える必要があります。

(3) 投資計画の策定単位

投資計画の策定単位は，事業の生産性の向上という収益力強化設備の導入の目的に照らして，必要不可欠な設備の導入に係るものであり，その設備からROIを算定する際に，追加的に生じる効果を正確に算出するために必要最小限の単位となります。

例えば，工場の生産ラインの改善を行う投資の場合に，生産ラインに絞って効果を算出できる場合には，当該生産ラインが策定単位となり，その投資効果を測定する際に工場全体でないと測定できない場合には工場単

位となります。

　また，オペレーションの改善に資する設備の場合として，会社全体の販売・生産管理システムを改善する投資の場合は，会社全体でしか効果を算出できない場合が想定されるため，会社全体が計画の単位となります。

　投資計画は，実施される設備投資がその目的に照らして１つの事業として実施される場合は，当該投資が複数年にわたっても，１つの投資計画とする必要があります。

　他方，それぞれの投資の目的，期待する効果が異なる場合は，それぞれの投資ごとに申請する必要があります。

中小企業 経営強化 税制	**Q3-5　B類型の適用手続きの流れ**

　B類型の適用を受けたいのですが，その手続きについて教えてください。

A3-5

　B類型の適用は，経済産業局確認書を取得し，B類型に係る経営力向上計画の認定を受けた上で一定の設備を取得等し，事業の用に供した場合に受けられます。

解　説

　中小企業経営強化税制は，青色申告書を提出する中小企業等経営強化法の経営力向上計画の認定を受けた一定の中小企業者などが平成29年4月1日から令和5年3月31日までの期間内に，新品の特定経営力向上設備等を取得又は製作若しくは建設して，国内にあるその法人の指定事業の用に供した場合に，その指定事業の用に供した日を含む事業年度において適用を受けられます。

　B類型での適用を受けるためには，経営力向上計画の認定を受ける際に，経済産業局確認書の添付が必要となります。

　B類型の適用を受けるための手続きは，以下のとおりとなります。

■手続きスキーム図

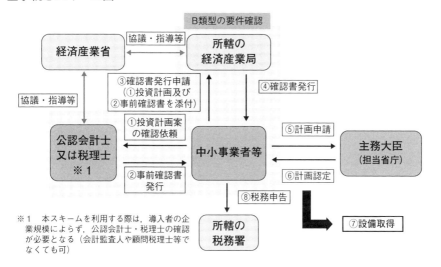

① 中小事業者等である申請者は，申請書に必要事項を記入し，必要書類（当該申請書の裏付けとなる資料等）を添付の上，公認会計士又は税理士の事前確認を受けます。この場合において，公認会計士又は税理士は自社内の有資格者や，会計監査人又は顧問税理士が事前確認を行うことも可能です。なお，公認会計士又は税理士の事前確認書の発行及び経産局確認書の発行にあたり，それぞれが必要と判断した申請書の根拠資料の提出や合理的な説明がない場合は，事前確認書，経産局確認書は発行されないことに留意が必要です。

② 公認会計士又は税理士は，申請書と裏付けとなる資料に齟齬がないか等を確認し，事前確認書を発行します。

③ 申請者は，必要に応じて申請書の修正や添付書類の追加等を行った上で，②の事前確認書を添付の上，本社所在地を管轄する経済産業局に予約をした上で，申請書の内容がわかる担当者が申請書を持参・説明します。また，例えば，本社所在地が東京で，実際に設備投資をする工場が北海道である

場合や，申請書に記載のある設備の導入場所に当該申請書について説明可能な担当者がいるなど特段の事情がある場合は，設備導入地を管轄する経済産業局に相談することもできます。

④　経済産業局は，③の説明を受けてから概ね１か月以内に，当該申請書が経営力向上設備等の投資計画であるとして適切である場合に，経産局確認書を発行し，申請書及び必要添付書類を添付したものを申請者に発行します。

⑤・⑥　申請者は，④の確認を受けた設備について，経営力向上計画に記載し認定を受けることができます。手続きに際しては，経営力向上計画の申請書に，④の経産局確認書及び確認申請書の写しを添付する必要があります。なお，申請から認定には約１か月かかります。

⑦・⑧　認定を受けた経営力向上計画に基づき取得した経営力向上設備等については，税法上の他の要件を満たす場合には，税制上の優遇措置の適用を受けることができます。税務申告に際しては，⑤の申請書及び⑥の認定書の写しの添付が必要です。

⑨　④の経産局確認書の交付を受けた申請者は，申請書の計画期間内（設備の取得等をする年度の翌年度以降３年間）について，投資計画実施状況報告書を，経産局確認書の交付を受けた経済産業局に提出する必要があります。初回の提出期限は，投資事業年度の翌事業年度終了後４か月以内です。以降，計３年間にわたり報告が必要になります。なお，当該実施状況報告書については，税理士等の確認は不要です。

（出所）中小企業庁「中小企業等経営強化法の経営力向上設備等のうち収益力強化設備（Ｂ類型）に係る経産局確認の取得に関する手引き」をもとに一部加筆。

中小企業 経営強化 税制	**Q3-6　B類型の適用を受けるための設備の 取得時期**

　当社は建設業を営む法人です。調査・測量や設計・施工，維持管理までのあらゆるプロセスにおいて情報通信技術（ICT等）を活用して建設現場の生産性向上を図るため，工事全体を管理するためのソフトウェアを1千万円で導入する予定です。

　当該ソフトウェアを導入することにより，年平均のROIが7％向上する見込みのため，中小企業経営強化税制（B類型）の適用を受けようと考えております。

　ただ，当社は急遽大規模案件を受注し，当該ソフトウェアを導入しなければ対応が難しいため，早急にソフトウェアを取得し，事業の用に供することになりました。当該ソフトウェアを経営力向上計画の認定より前に取得した場合は，中小企業経営強化税制を利用することはできないのでしょうか。

　なお，税法上の他の要件は満たしています。

A3-6

　設備取得日から60日以内に経営力向上計画が受理される場合は，適用を受けることができます。また，新型コロナウイルス感染症の影響を鑑み，経営力向上計画の申請にあたり一定の柔軟な取扱いが認められています。

解　説

　B類型の適用に限らず，中小企業経営強化税制の適用を受けるためには，中小企業等経営強化法の認定を受ける必要があり，計画認定後に経営力向上設備等を取得することが原則となります。ただし，例外として設備取得後に経営力向上計画を提出する場合には，取得日から60日以内に経営力向

上計画が受理される必要があります（計画変更により事業に必要な設備を追加する場合も同様です）。

　なお，設備の取得時期は，平成29年4月1日以降かつ計画の実施期間内に取得したものである必要があります。この場合において税制の適用を受けるためには，当該設備を取得し事業の用に供した日の属する事業年度内に認定を受ける必要があります。

　なお，新型コロナウイルス感染症の影響が長期化する等，経営力向上計画の認定を迅速化する観点から，令和3年8月2日以降の経営力向上計画の申請においては，経産局確認書の申請手続と同時並行で，計画認定に係る審査を行うことができます。

　設備の取得時期について整理すると，次のとおりです。

■原則（経営力向上計画の認定を受けてから設備を取得するケース）

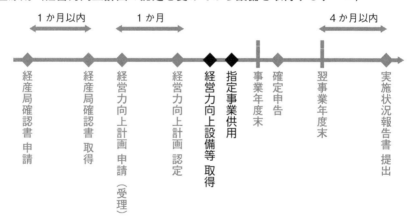

■例外①（設備取得した後に経営力向上計画を申請するケース）

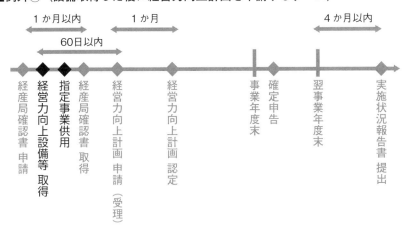

■例外②（経産局確認書の申請手続と同時並行で計画を申請するケース）

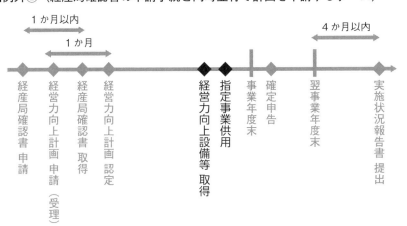

　なお，この取扱いはＣ類型についても同様となります。

中小企業 経営強化 税制	**Q3-7　経営力向上計画に記載した投資額と実際に取得した設備の取得価額が異なる場合**

　経営力向上計画を申請する際に，経営力向上設備の投資額は業者から提示された申請時の見積書の金額を記載しました。その後，経営力向上計画の認定を受けましたが，業者から出精値引きを受けたことにより，実際に取得した設備の取得価額と経営力向上計画に記載した投資額が異なります。この場合において，本税制の適用は受けられるでしょうか。

　また，計画の認定を受けた後に追加で設備を取得する場合に本税制の適用は受けられるでしょうか。

A3-7

　経営力向上計画の申請時に見積った金額と実際の取得価額が異なる場合でも，中小企業経営強化税制の適用を受けることができます。ただし，追加で設備を取得する場合には，経営力向上計画を変更し，変更認定を受ける必要があります。

解　説

　本税制適用の前提となる投資計画の確認の段階においては，通常，対象設備の発注や契約書の締結といった段階までは至っておらず，計画策定に用いる投資見込金額算定のための見積書等を入手しているにすぎないことが想定されます。

　したがって，経営力向上計画で必要となる取得価額は，金額が確定しているものに限定されるものではなく，投資利益率の分母金額の算定根拠となった見積書等を根拠資料とすることで足りるものとされています。

また，経営力向上計画の認定後に追加で設備を取得しようとする場合には，「認定経営力向上計画の変更に係る認定申請書」（様式第3）を作成し，申請書に追加する設備を記載した上で変更申請を行います。その際，追加で取得する設備について，経産局の確認書の写しを添付資料として提出する必要があります。

変更申請は当初の申請と同様に，経営力向上計画に追加する設備の取得前に経営力向上計画の変更認定を受けることが必要です。例外として，設備を取得した後に経営力向上計画の変更申請を提出する場合は，取得から60日以内に変更申請が受理されることが必要となります。

なお，ご質問の場合，出精値引きを受けたことにより取得価額が計画時点より減額されていますが，設備の種類ごとに最低価額が定められており，それを下回る場合は本税制の適用を受けることができないことにご留意ください。

■設備を追加で取得する場合の認定申請書の記載例（抜粋）

（出所）中小企業庁「変更申請書記載例用」(https://www.chusho.meti.go.jp/keiei/kyoka/ninteisinseisyo/henkou_kisairei.pdf)

中小企業 経営強化 税制	**Q3-8　C類型におけるデジタル化設備の 詳細**

　どのような設備が中小企業経営強化税制の適用対象となるC類型
（デジタル化設備）に該当するか，教えてください。

A3-8

　一定の機械及び装置，工具，器具及び備品，建物附属設備及びソフト
ウェアで，事業プロセスの「遠隔操作」「可視化」「自動制御化」のいずれ
かを可能にする設備として，経済産業大臣の確認を受けた投資計画に記載
されたものが該当します。

解　説
⑴　デジタル化設備の内容

　デジタル化設備に該当するかどうかは，次のとおり設備の種類ごとに定
められています。

■本税制の対象となる特定経営力向上設備等（デジタル化設備）の内容

設備の種類	取得価額（単位ごとの最低価額）
機械及び装置	160万円以上
工具，器具及び備品	30万円以上
建物附属設備	60万円以上
ソフトウェア ※複写して販売するための原本，開発研究用のもの， 　サーバー用OSのうち一定のものなどは除きます	70万円以上

⑵　遠隔操作，可視化，自動制御化について

　B類型が収益力の向上のための設備を対象としているのに対して，C類

型はデジタル化を通じた非対面・非接触ビジネスの推進等のための設備を対象としています。

　デジタル化を通じた非対面・非接触ビジネスの推進等のための設備としてC類型の適用を受けるためには，事業プロセスの「遠隔操作」「可視化」「自動制御化」のいずれかに該当することにつき経済産業大臣（経済産業局）の確認を受けた設備であることが要件となります。

　「遠隔操作」「可視化」「自動制御化」のそれぞれの内容は以下のとおりです。

遠隔操作	①　デジタル技術を用いて遠隔操作をすること ②　以下のいずれかを目的とすること （イ）事業を非対面で行うことができるようにすること （ロ）事業に従事する者が，通常行っている業務を通常出勤している場所以外の場所で行うことができるようにすること
可視化	①　データの集約・分析をデジタル技術を用いて行うこと ②　①のデータが，現在行っている事業や事業プロセスに関係するものであること ③　①により事業プロセスに関する最新の状況を把握し，経営資源等の最適化を行うことができるようにすること ※経営資源等の最適化とは，設備，技術，個人の有する知識及び技能等を含む事業活動に活用される資源等の最適な配分等をいいます。
自動制御化	①　デジタル技術を用いて，状況に応じて自動的に指令を行うことができるようにすること ②　①の指令が，現在行っている事業プロセスに関する経営資源等を最適化するためのものであること

　C類型における投資計画では，投資を予定している全ての設備がデジタル技術を活用したものである必要はなく，投資計画の目的を達成するために必要不可欠な設備であれば，設備そのものがデジタル技術を活用したもの以外の設備も含めてC類型の対象設備となります。

中小企業 経営強化 税制	**Q3-9　C類型の適用手続きの流れ**

　C類型の適用を受けたいのですが，その手続きについて教えてください。

A3-9

　C類型の適用は，経済産業局確認書を取得し，C類型に係る経営力向上計画の認定を受けた上で一定の設備を取得等し，事業の用に供した場合に受けられます。

解　説

　中小企業経営強化税制は，青色申告書を提出する中小企業等経営強化法の経営力向上計画の認定を受けた一定の中小企業者などが平成29年4月1日から令和5年3月31日までの期間内に，新品の特定経営力向上設備等を取得又は製作若しくは建設して，国内にあるその法人の指定事業の用に供した場合に，その指定事業の用に供した日を含む事業年度において適用を受けられます。

　C類型での適用を受けるためには，経営力向上計画の認定を受ける際に，経済産業局確認書の添付が必要となります。

　C類型の適用を受けるための手続きは，以下のとおりとなります。

■手続きスキーム図

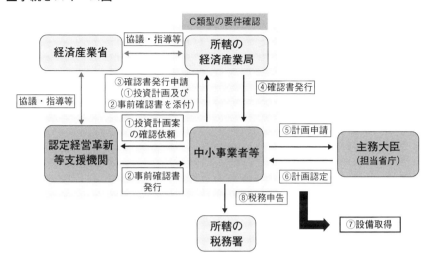

① 中小事業者等である申請者は，申請書に必要事項を記入し，必要書類（当該申請書の裏付けとなる資料等）を添付の上，認定経営革新等支援機関の事前確認を受けます。

　なお，認定経営革新等支援機関の事前確認書の発行及び経産局確認書の発行にあたり，それぞれが必要と判断した申請書の根拠資料の提出や合理的な説明がない場合は，事前確認書，経産局確認書は発行されないことに留意が必要です。

② 認定経営革新等支援機関は，申請書と裏付けとなる資料に齟齬がないか等を確認し，事前確認書を発行します。

③ 申請者は，必要に応じて申請書の修正や添付書類の追加等を行った上で②の事前確認書を添付の上，本社所在地を管轄する経済産業局に確認申請書を郵送します。

④ 経済産業局は，申請書が到達してから概ね１か月以内に，当該申請書が経営力向上設備等の投資計画であるとして適切である場合に，経産局確認

書を発行し，申請書及び必要添付書類を添付したものを申請者に発行します。

⑤・⑥　申請者は，④の確認を受けた設備について，経営力向上計画に記載し認定を受けることができます。手続きに際しては，経営力向上計画の申請書に，④の経産局確認書及び確認申請書の写しを添付する必要があります。なお，申請から認定には，申請から１か月程度かかるとされています。

⑦・⑧　認定を受けた経営力向上計画に基づき取得した経営力向上設備等については，税法上の他の要件を満たす場合には，税務申告において税制上の優遇措置の適用を受けることができます。Ｃ類型を適用した事業年度の確定申告書については，⑤の申請書及び⑥の認定書の写しの添付が必要です。

（出所）中小企業庁「中小企業等経営強化法の経営力向上設備等のうちデジタル化設備（Ｃ類型）に係る経産局確認の取得に関する手引き」をもとに一部加筆。

Q3-10　在宅勤務で使用するためのテレワーク設備等の取扱い

　当社は製造業を営んでおりますが，新型コロナウイルス感染症の拡大防止の観点から，製造工程を自動制御化し，従業員が製造工程の管理を在宅勤務で実施できるようにすることを検討しています。

　製造工程の自動制御化及び在宅勤務の実施にあたり，大規模な機械装置及びテレワーク設備の導入が必要になります。また，出社する社員が減少するため，セキュリティの観点から自社の工場内に防犯カメラを設置します。これらの設備はC類型の対象となるでしょうか。

A3-10

　大規模な機械装置及びテレワーク設備はC類型の対象となりますが，防犯カメラは対象となりません。

解　説

　C類型の対象となるデジタル化設備は，事業プロセスの遠隔操作，可視化又は自動制御化のいずれかを可能にする設備として，経済産業大臣の確認を受けた投資計画に記載された一定の機械及び装置，工具，器具及び備品，建物附属設備並びにソフトウェアをいいます。

　自動制御化とは，デジタル技術を用いて，現に実施している事業の工程に関する経営資源等の最適化のための指令を状況に応じて自動的に行うことができるようにすることをいいます。

　具体的には，デジタル技術が用いられた設備等を活用した工場の製造工程の自動制御化等が該当します。自動制御化は，現在アナログで行われている事業について，デジタル化を促進するものであるため，現在実施して

いる事業における自動制御化のみが対象となります。

　遠隔操作は，事業を非対面で行うことができるようにすること又は事業に従事する者が通常行っている業務を通常出勤している場所以外の場所で行うことができるようにすることを目的として，デジタル技術が用いられた設備等を遠隔地から操作することをいいます。

　具体的には，顧客と対面しない方法で行う遠隔医療相談サービスや遠隔教育，工場・店舗等で勤務している従業員が行う商品の在庫管理等のためのテレワーク等が該当します。

　また，事業を非対面で行うことができるようにすることについて，デジタル化を通じた非対面・非接触ビジネスを推進する観点から，自動制御化要件，可視化要件とは異なり，現在行われている事業だけでなく，これから新たに行われる事業を非対面で行うことができるようにすることも対象となります。

　可視化は，現に実施している事業に関するデータの集約及び分析をデジタル技術を用いて行うことにより，その事業の工程に関する最新の状況の把握及び経営資源等の最適化を行うことができるようにすることをいいます。

　具体的には，サプライチェーンにおけるその工程に関する情報の適時適切な把握及びその把握した情報に基づく適正な人員配置，生産量調整，温度等のプロセス管理，輸送量調整，投資判断等が広く該当します。

　また，その事業の工程に関する経営資源等の最適化については，最適化のための行動が，デジタル技術が用いられた設備等によって行われていないもの（例えば，その把握した情報に基づく適正な人員配置等）であっても，可視化の対象となります。

ご質問の場合，製造工程を自動制御化するために取得する機械装置は自動制御化の要件を満たし，製造工程の管理を在宅勤務で実施するために取得するテレワーク設備は遠隔操作の要件を満たすため，Ｃ類型の対象となります。

　一方，工場に防犯カメラを設置する場合は，データの集約（映像の録画・記録）が行われているだけにすぎず，その事業の工程に関する最新の状況の把握及び経営資源等の最適化を行うことができないため，可視化の要件には該当しません。また，他のいずれの要件にも該当しないため，Ｃ類型の対象になりません。

中小企業 経営強化 税制	**Q3-11　D類型における経営資源集約化設備 の詳細**

> どのような設備が中小企業経営強化税制の適用対象となるD類型
> （経営資源集約化設備）に該当するか，教えてください。

A3-11

　一定の機械及び装置，工具，器具及び備品，建物附属設備及びソフト
ウェアで，計画終了年次の修正総資産利益率（ROA）又は有形固定資産
回転率が一定の要件を満たすことが見込まれるものであることについて，
経済産業大臣の確認を受けた投資計画に記載されたものが該当します。

　なお，本税制の適用を受けるためには，経営資源集約化設備について経
営力向上計画に従って事業承継等を行った後に取得又は製作若しくは建設
をする必要があります。

解　説

(1)　経営資源集約化設備の内容

　経営資源集約化設備に該当するかどうかは，次のとおり設備の種類ごと
に定められています。

■本税制の対象となる特定経営力向上設備等（経営資源集約化設備）の内容

設備の種類	取得価額（単位ごとの最低価額）
機械及び装置	160万円以上
工具，器具及び備品	30万円以上
建物附属設備	60万円以上
ソフトウェア ※複写して販売するための原本，開発研究用のもの， 　サーバー用OSのうち一定のものなどは除きます	70万円以上

⑵ 修正総資産利益率（ROA），有形固定資産回転率の算出方法

　計画終了年次の修正ROA又は有形固定資産回転率が次の表の要件を満たすことが見込まれるものであることにつき，経済産業大臣（経済産業局）の確認を受けた投資計画に記載された投資の目的を達成するために必要不可欠な設備が，Ｄ類型の適用対象となります。

計画期間	有形固定資産回転率	修正ROA
3 年	＋ 2 ％	＋0.3％ポイント
4 年	＋2.5％	＋0.4％ポイント
5 年	＋ 3 ％	＋0.5％ポイント

　目標値となる修正ROA又は有形固定資産回転率は，次の算式によって算定します。

＜修正ROA（変化分）＞

$$\frac{計画終了年度における営業利益＋減価償却費＋研究開発費}{計画終了年度における総資産} - \frac{基準年度における営業利益＋減価償却費＋研究開発費}{基準年度における総資産}$$

＜有形固定資産回転率（変化率）＞

$$\frac{\dfrac{計画終了年度における売上高}{計画終了年度における有形固定資産} - \dfrac{基準年度における売上高}{基準年度における有形固定資産}}{\dfrac{基準年度における売上高}{基準年度における有形固定資産}}$$

　基準年度は計画開始直前における事業年度をいい，その確定決算時の数値を使用します。なお，減価償却費や研究開発費は会計上の数値を使用し

ます。総資産や有形固定資産は帳簿価額を使用します。

⑶ 事業承継等を行った後に取得又は製作若しくは建設をするもの

　D類型は，経営資源の集約化（M&A）によって生産性向上等を目指す経営力向上計画の認定を受けた中小企業者等が，計画に基づくM&Aを実施した場合に適用を受けることができます。

　D類型の適用を受けるためには，前記⑴及び⑵の要件を満たすことに加え，経営力向上計画に事業承継等事前調査（デューデリジェンス等）に関する事項の記載があるものであって，経営力向上計画に従って事業承継等を行った後に設備を取得等するものが対象となります。

　よって，D類型を新規で申請する場合，他の類型とは異なり，設備取得後に経営力向上計画を申請する例外措置は適用できないことに留意が必要です。

中小企業 経営強化 税制	**Q3-12　D類型の適用手続きの流れ**

　D類型の適用を受けたいのですが，その手続きについて教えてください。

A3-12

　D類型の適用は，経済産業局確認書を取得し，D類型に係る経営力向上計画の認定を受けた上で一定の設備を取得等し，事業の用に供した場合に受けられます。

解　説

　中小企業経営強化税制は，青色申告書を提出する中小企業等経営強化法の経営力向上計画の認定を受けた一定の中小企業者などが平成29年4月1日から令和5年3月31日までの期間内に，新品の特定経営力向上設備等を取得又は製作若しくは建設して，国内にあるその法人の指定事業の用に供した場合に，その指定事業の用に供した日を含む事業年度において適用を受けられます。

　D類型での適用を受けるためには，経営力向上計画の認定を受ける際に，経済産業局確認書の添付が必要となります。

　D類型の適用を受けるための手続きは，以下のとおりとなります。

■手続きスキーム図

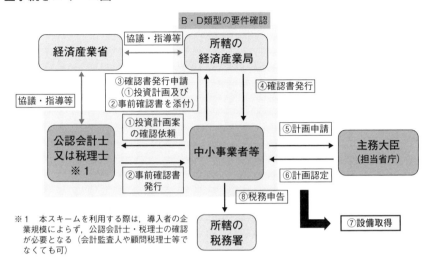

① 中小事業者等である申請者は，申請書に必要事項を記入し，必要書類（当該申請書の裏付けとなる資料等）を添付の上，公認会計士又は税理士の事前確認を受けます。なお，公認会計士又は税理士の事前確認書の発行及び経済産業局確認書の発行にあたり，それぞれが必要と判断した申請書の根拠資料の提出や合理的な説明がない場合は，事前確認書，経産局確認書は発行されないことに留意が必要です。

② 公認会計士又は税理士は，申請書と裏付けとなる資料に齟齬がないか等を確認し，事前確認書を発行します。

③ 申請者は，必要に応じて申請書の修正や添付書類の追加等を行った上で，②の事前確認書を添付の上，本社所在地を管轄する経済産業局に予約をした上で，申請書の内容が分かる担当者が申請書を持参・説明します。

④ 経済産業局は，③の説明を受けてから概ね1か月以内に，当該申請書が経営力向上設備等の投資計画であるとして適切である場合に，経産局確認書を発行し，申請書及び必要添付書類を添付したものを申請者に発行します。

⑤・⑥ 申請者は④の確認を受けた設備について，経営力向上計画に記載し

認定を受けることができます。手続きに際しては，経営力向上計画の申請書に，④の経産局確認書及び確認申請書の写しを添付する必要があります。なお，申請から認定には，申請から概ね1か月程度かかるとされています。

⑦・⑧　認定を受けた経営力向上計画に基づき取得した経営力向上設備等については，税法上の他の要件を満たす場合には，税務申告において税法上の優遇措置の適用を受けることができます。税務申告に際しては，⑤の申請書及び⑥の認定書の写しの添付が必要です。

⑨　④の経産局確認書の交付を受けた申請者は，申請書の計画期間内について，事業承継等状況報告書を，認定を受けた主務大臣に提出する必要があります。

（出所）中小企業庁「中小企業等経営強化法の経営力向上設備等のうち経営資源集約化に資する設備（D類型）に係る経産局確認の取得に関する手引き」をもとに一部加筆。

　D類型を適用した場合，他の類型とは異なり，経営力向上計画の実施期間中に事業承継等状況報告を行う必要があります。事業承継等状況報告書（各年度）の初回の提出期限は，M&Aを行った事業年度の翌事業年度終了後4か月以内です。以降，計画期間に応じて3～5年間報告が必要となります。

　また，最終事業年度については，事業承継等状況報告書（最終年度）に必要事項を記入することになります。

　各年度の報告について，当初の想定どおり事業を実施できなかった場合や，雇用を継続できなかった場合，目標としていた指標を達成できなかったことをもって認定が取り消されることはありませんが，認定を受けた経営力向上計画に従って経営力向上に係る事業が行われていない場合は，認定が取り消されることがあります。

　なお，経営力向上計画に事業承継等事前調査に関する事項を記載した上で，D類型の適用を受けなかった場合には，事業承継等状況報告は必要ありません。

| 中小企業 経営強化 税制 | **Q3-13　取得資産の留意事項** |

　当社は自動車部品の製造を行う中小企業者です。このたび，製造ラインで使用する機械装置をそれぞれ500万円で2台取得しました。このうち1台は当社の工場に設置して自動車部品の製造のために使用しておりますが，もう1台は当社の下請け先に貸し付けています。

　当該機械装置については，取得に先立って中小企業経営強化税制におけるB類型（収益力強化設備）として主務大臣の認定を受けています。この場合，2台の機械装置はいずれも本税制の適用対象になりますか。

A3-13

　貴社が取得した2台の機械装置のうち，自社の製造ラインで使用するものは，中小企業経営強化税制の適用対象となります。下請け先に貸し付けているもう1台の機械装置については，その機械装置が専ら貴社の自動車部品の製造のために使用されている場合には適用対象になりますが，貴社以外の部品も製造している場合には適用対象になりません。

解　説

　中小企業経営強化税制は，特定経営力向上設備等をその中小企業者等の営む事業の用に供する必要があるため，原則として貸付けの用に供する資産については本税制の適用を受けることができません。

　ただし，法人が，その取得等をした特定経営力向上設備等を自己の下請業者に貸与した場合において，その特定経営力向上設備等が専らその法人のためにする製品の加工等の用に供されるものであるときは，その特定経営力向上設備等はその法人の営む事業の用に供したものとして取り扱うと

されています。

　ご質問の場合，貴社が取得した2台の機械装置のうち1台は，貴社が自社の製造ラインで使用するための設備であるため，その営む事業の用に供したものとして中小企業経営強化税制の適用対象となります。

　下請け先に貸し付けているもう1台の機械装置については，原則として中小企業経営強化税制の対象になりませんが，下請け先がその機械装置を専ら貴社の自動車部品の製造のために使用している場合には，その機械装置は貴社の営む事業の用に供したものとして適用対象になります。

中小企業 経営強化 税制	# Q3-14　補助金を受けて取得する設備の 取扱い

　当社は倉庫業を行う中小企業者です。従来，倉庫に保管されている貨物の検品や保管，仕分け，入出庫管理を全て従業員が手作業で行っておりました。このたび，倉庫における業務の合理化のため，ソフトウェアを100万円で導入することになりました。

　なお，ソフトウェア導入にあたり補助金が40万円交付されており，法人税法上の圧縮記帳の適用を受けようと考えています。当該ソフトウェアは，取得に先立って中小企業経営強化税制におけるＣ類型（デジタル化設備）として主務大臣の認定を受けていますが，本税制の適用対象になると理解してよろしいでしょうか。

A3-14

　当該ソフトウェアについて法人税法上の圧縮記帳の適用を受ける場合には，取得価額が70万円未満となるため，中小企業経営強化税制の適用対象となりません。

解　説

　中小企業経営強化税制の適用対象資産となる特定経営力向上設備等は，次の要件を満たすものとされています。

①　生産等設備を構成する機械及び装置，工具，器具及び備品，建物附属設備並びに一定のソフトウェアであること

②　中小企業等経営強化法に定める経営力向上設備等（同法に定める経営力向上計画に記載されたものに限る）に該当するものであること

③　資産の種類ごとに定められた一定の規模以上のものであること

なお，上記③の一定の規模とは次のとおりです。

設備の種類	取得価額（単位ごとの最低価額）
機械及び装置	160万円以上
工具，器具及び備品	30万円以上
建物附属設備	60万円以上
ソフトウェア	70万円以上

　取得価額を判定する場合において，その機械及び装置，工具，器具及び備品，建物附属設備又はソフトウェアが法人税法上の圧縮記帳の適用を受けた場合は，圧縮記帳後の金額が税務上の取得価額となります。

　ご質問の場合，ソフトウェアの取得価額は100万円ですが，40万円の補助金の交付を受け，法人税法上の圧縮記帳の適用を受ける場合，圧縮記帳後の取得価額は60万円となります。取得価額は圧縮記帳後の金額で判定されるため，当該ソフトウェアは最低取得価額である70万円を下回ります。したがって，中小企業経営強化税制の適用を受けることはできません。

　なお，ご質問の場合，圧縮記帳を適用して減価償却するよりも，圧縮記帳を適用せず本税制の即時償却の適用を受けるほうが適用事業年度の損金算入額は増加することになります。また，即時償却ではなく，税額控除の適用を受けることも可能です。

■取得価額100万円のソフトウェアを取得し，40万円の補助金収入がある場合の圧縮記帳と中小企業経営強化税制の即時償却を適用した場合の適用事業年度における比較

方法1：圧縮記帳の適用を受け減価償却する場合
方法2：圧縮記帳の適用を受けずに本税制の即時償却の適用を受ける場合

方法1				方法2		
	損益	摘要			損益	摘要
益金	+40	補助金		益金	+40	補助金
損金	−40	圧縮記帳		損金	0	圧縮記帳なし
減価償却費	−12	（注）		即時償却	−100	
合計	−12			合計	−60	

（注）（取得価額100万円−補助金40万円）×0.2（耐用年数5年の定額法償却率）

<table>
<tr><td>中小企業
経営強化
税制</td><td>**Q3-15 指定事業とその他の事業とに共通して使用される特定経営力向上設備等の取扱い**</td></tr>
</table>

　当社は娯楽業を営む法人で，一棟の建物を所有し，その中に映画館を複数設置し，定期的に映画の公開を行っております。また，同じ建物にボウリング場やカラオケボックスなどを併設し，大規模娯楽施設として運営しております。

　このたび，最新のデジタル技術を用いて，映画館の上映中における空席率やボウリング場の利用客数などの顧客情報を集計し，混雑度に応じて他の娯楽施設に誘導できるようなシステムを導入することを考えております。

　この場合において，中小企業経営強化税制の適用を受けることは可能でしょうか。なお，本システムは特定経営力向上設備等に該当しています。

A3-15

中小企業経営強化税制の適用を受けることができます。

解　説

　中小企業経営強化税制は，青色申告書を提出する中小企業等経営強化法の経営力向上計画の認定を受けた一定の中小企業者等が平成29年4月1日から令和5年3月31日までの期間内に，新品の特定経営力向上設備等を取得等して，国内にあるその法人の指定事業の用に供した場合に，その指定事業の用に供した日を含む事業年度において，特別償却又は税額控除を認めるものです。この制度の適用対象となる指定事業は，次に掲げる事業です。

製造業，建設業，農業，林業，漁業，水産養殖業，鉱業，卸売業，道路貨物運
送業，倉庫業，港湾運送業，ガス業，小売業，料理店業その他の飲食店業(注1)，
一般旅客自動車運送業，海洋運輸業及び沿海運輸業，内航船舶貸渡業，旅行業，
こん包業，郵便業，通信業，損害保険代理業，不動産業，映画業，サービス業

(注1) 料亭，バー，キャバレー，ナイトクラブその他これらに類する事業については，生
活衛生同業組合の組合員が営むものに限り対象となります。
(注2) 電気業，熱供給業，水道業，娯楽業（映画業を除く）等は対象になりません。また，
性風俗関連特殊営業に該当する事業も対象となりません。

　娯楽業については，映画業を除き中小企業経営強化税制の指定事業に含
まれていないため，本税制の対象となりません。なお，映画業について，
日本標準産業分類においては，次のとおり定義づけられています。

（小分類）801 映画館
（細分類）8011 映画館
アトラクションのあるなしにかかわらず商業的に映画の公開を行う事業所を
いう。主として映画館の賃貸を行う事業所も本分類に含まれる。
○映画館，映画劇場，野外映画劇場，映画館賃貸業，ミニ・シアター，ビデ
　オ・シアター

　なお，指定事業とその他の事業とを営む法人が，その取得等をした特定
経営力向上設備等をそれぞれの事業に共通して使用している場合には，そ
の全部を指定事業の用に供したものとして取り扱われます。また，法人の
営む事業が指定事業に該当するかどうかについては，その法人が主たる事
業としてその事業を営んでいるかどうかは問いません。
　ご質問の場合，貴社は指定事業である映画業と指定事業ではないその他
の娯楽業を営んでおり，特定経営力向上設備等に該当するシステムをそれ
ぞれの事業に共通して使用する場合には，その全部を映画業の用に供した
ものとして取り扱われるため，税法上の他の要件を満たしている場合には，
本税制の適用を受けることができます。

中小企業 経営強化 税制	**Q3-16　適用対象資産が２以上ある場合の 特別償却と税額控除の選択適用**

　当社は，同一事業年度内に生産性向上設備としてＡ機器を50万円で，Ｂ備品を80万円で購入し，国内における情報通信事業のために事業の用に供しています。

　当事業年度において，Ａ機器は特別償却を適用し，Ｂ機器については税額控除の適用を受けることができるのでしょうか。

　なお，当該設備の取得前に生産性向上設備（Ａ類型）に該当するものとして，中小企業等経営強化法に規定する経営力向上計画の認定を受けています。

A3-16

　同一事業年度内に取得した生産性向上設備については，それぞれの設備等について特別償却と税額控除を適用することができます。

解　説

　中小企業経営強化税制は，青色申告書を提出する中小企業等経営強化法の経営力向上計画の認定を受けた一定の中小企業者などが平成29年４月１日から令和５年３月31日までの期間内に，新品の特定経営力向上設備等を取得又は製作若しくは建設して，国内にあるその法人の指定事業の用に供した場合に，その指定事業の用に供した日を含む事業年度において特別償却又は税額控除の適用を受けることができます。

　本制度の適用上，同一事業年度内に取得した全ての設備等を対象として一律に特別償却又は税額控除のいずれかを選択するものではなく，個々の設備等ごとにいずれかを選択して適用することができるものとされています。

よって，取得したA機器及びB備品のいずれも本制度の要件を満たすものであれば，A機器については特別償却を，B備品については税額控除を適用することができます。

　当社は資本金３千万円の卸売業を営む３月決算法人です。当社は令和４年10月において，倉庫の大型機械を500万円で取得し事業の用に供しています。当該機械は中小企業経営強化税制における特定経営力向上設備等の収益力強化設備として，経営力向上計画の認定を受けて取得したものです。

　当社は当該機械について令和５年３月期決算において中小企業経営強化税制の適用を受けようと考えていますが，特別償却と税額控除の計算方法とどちらの制度が有利であるか教えてください。

　なお，当社の令和５年３月期の法人税額は464万円（税額控除適用前）を見込んでいます。

A3-17

　中小企業経営強化税制における特別償却は，取得した特定経営力向上設備等の取得価額から普通償却限度額を控除した金額をもって当期の償却費とすることができる制度です。

　一方，税額控除は，取得価額に一定率を乗じて税額控除限度額を計算し法人税額から控除する制度です。

　特別償却は初年度に取得価額の全額を即時償却できるため効果が非常に高いといえますが，毎期の課税所得が十分に発生する場合，耐用年数にわたったトータルの期間では税額控除を適用したほうが有利になります。どちらの制度を選択するかについては，貴社の今後の課税所得の発生見込みなどを考慮して検討する必要があります。

解　説

(1)　特別償却

　中小企業経営強化税制における特別償却の適用を受ける場合の特別償却限度額は，特定経営力向上設備等の取得価額から普通償却限度額を控除した金額に相当する金額とされ，普通償却限度額と併せて，その取得価額の全額を償却（即時償却）することができます。

　貴社の場合の具体的計算方法は，以下のとおりになります。

> 取得価額　5,000,000円
>
> 耐用年数　12年（倉庫業用設備）
>
> 償却率　　0.084（定額法）
> ※減価償却資産の償却方法の届出で定額法を選択しています。
>
> 普通償却限度額　5,000,000円×0.084×6月/12月＝210,000円
>
> 特別償却限度額　5,000,000円−210,000円（普通償却限度額）＝4,790,000円
>
> 当期償却限度額　210,000円+4,790,000円＝5,000,000円
> ※2年目以降については償却限度額はなしになります。

(2)　税額控除

　中小企業経営強化税制における税額控除の適用を受ける場合の税額控除限度額は，特定経営力向上設備等の取得価額の7％相当額とされています。

　ただし，中小企業者等のうち資本金の額又は出資金の額が3千万円以下である法人又は農業協同組合等若しくは商店街振興組合の税額控除限度額については，取得価額の10％相当額とされています。

　貴社の場合の具体的計算方法は，以下のとおりとなります。

取得価額　5,000,000円

税額控除限度額　5,000,000円×10％＝500,000円

調整前法人税額の20％　4,640,000円×20％＝928,000円

税額控除額　500,000円＜928,000円　∴500,000円

　税額控除限度額がその事業年度の法人税額の20％相当額を超える場合には，その超える部分の金額については，その事業年度において税額控除をすることができませんが，その控除しきれなかった金額については1年間の繰越しが認められます。

(3)　特別償却と税額控除の選択と有利不利について

　資産を取得した事業年度だけを考えた場合，特別償却を適用したことによる節税効果（特別償却費4,790,000円×税率合計35％^(※)＝1,676,500円）は，税額控除額を適用したことによる節税効果（500,000円）を上回ることになります。

※法人税，住民税及び事業税合計で35％と仮定。

　しかし，特別償却を適用した場合は，その翌事業年度以降は減価償却費を計上することはできません。一方，税額控除を適用した場合は，その翌事業年度以降も耐用年数にわたって減価償却費を計上することができます。そして，耐用年数を経過した時点では，特別償却を適用した場合の減価償却費（普通償却費＋特別償却費）と，税額控除を適用した場合の減価償却費（普通償却費）は同額になります。つまり，各事業年度の課税所得が十分にある場合においては，減価償却を通じた節税効果は，耐用年数を経過した時点ではどちらも変わりません。

　したがって，税額控除の適用を受けたほうが500,000円有利といえます。

| 中小企業
経営強化
税制 | **Q3-18　申告書の記載例** |

　Q3-17の場合において，法人税の確定申告を行う場合に留意することがあれば教えてください。

A3-18
　中小企業経営強化税制を適用するためには，法人税申告書に一定事項を記載し，一定の書類を添付して申告する必要があります。

解　説
(1)　特別償却の適用を受ける場合
　特別償却の適用を受けるためには，確定申告書等に次の書類を添付する必要があります。

- 旧定額法又は定額法による減価償却資産の償却額の計算に関する明細書（別表16(1)（償却方法として定率法を採用する場合には別表16(2)）
- 中小企業者等又は中小連結法人が取得した特定経営力向上設備等の特別償却の償却限度額の計算に関する付表（特別償却の付表(8)）
- 認定申請書の写し
- 当該認定申請書に係る認定書の写し
- 適用額明細書

(2)　税額控除の適用を受ける場合
　税額控除の適用を受けるためには，確定申告書等に特定経営力向上設備等の取得価額，控除を受ける金額を記載するとともに，次の書類を添付して申告する必要があります。

- 中小企業者等が特定経営力向上設備等を取得した場合の法人税額の特

別控除に関する明細書（別表6⑬）

- 認定申請書の写し
- 当該認定申請書に係る認定書の写し
- 適用額明細書

　特別償却の適用を受ける場合及び税額控除の適用を受ける場合の記載例は，181〜183ページのとおりです。

［貴社の概要］

(1)	事業の種類	卸売業
(2)	決算月	３月
(3)	資本金	30,000,000円
(4)	設備の種類等/類型	機械装置（倉庫業用設備）/B類型
(5)	取得日・事業供用日	令和４年10月１日
(6)	取得価額	5,000,000円
(7)	耐用年数	12年
(8)	償却方法/償却率	定額法/ 0.084
(9)	税額控除適用前法人税額	4,640,000円

■別表16(1)

<table>
<tr><td colspan="4">旧定額法又は定額法による減価償却資産の
償却額の計算に関する明細書</td><td>事業年度
又は連結
事業年度</td><td>令和 4・4・1
令和 5・3・31</td><td>法人名</td><td>株式会社当社</td><td>別表十六(一)</td></tr>
</table>

資産区分	種類	1	機械装置				
	構造	2	倉庫業用設備				
	細目	3					
	取得年月日	4	令 4・10・1	・・	・・	・・	・・
	事業の用に供した年月	5	令 4・10	・	・	・	・
	耐用年数	6	12 年	年	年	年	年
取得価額	取得価額又は製作価額	7	外 5,000,000 円	外 円	外 円	外 円	外 円
	圧縮記帳による積立金計上額	8					
	差引取得価額 (7)-(8)	9	5,000,000				
帳簿価額	償却額計算の対象となる期末現在の帳簿記載金額	10	0				
	期末現在の積立金の額	11					
	積立金の期中取崩額	12					
	差引帳簿記載金額 (10)-(11)-(12)	13	外 0	外	外	外	外
	損金に計上した当期償却額	14	5,000,000				
	前期から繰り越した償却超過額	15	外	外	外	外	外
	合計 (13)+(14)+(15)	16	5,000,000				
当期分の普通償却限度額等	残存価額	17					
	差引取得価額×5% (9)×5/100	18					
平成19年3月31日以前取得分	旧定額法の償却額計算の基礎となる金額 (9)-(17)	19					
	旧定額法の償却率	20					
	算出償却額 (19)×(20)	21	円	円	円	円	円
	増加償却額 (21)×割増率	22	( )	( )	( )	( )	( )
	計 ((21)+(22))又は(16)-(18)	23					
	(16)≦(18)の場合 ((18)-1円)×12/60	24					
平成19年4月1日以後取得分	定額法の償却額計算の基礎となる金額 (9)	25	5,000,000				
	定額法の償却率	26	0.084 (6/12)				
	算出償却額 (25)×(26)	27	210,000 円	円	円	円	円
	増加償却額 (27)×割増率	28	( )	( )	( )	( )	( )
	計 (27)+(28)	29	210,000				
	当期分の普通償却限度額等 (23)、(24)又は(29)	30	210,000				
当期分の償却限度額	特別償却限度額又は割増償却限度額	租税特別措置法適用条項	31	42の12の4第1項	条 項	条 項	条 項	条 項
		特別償却限度額	32	外 4,790,000	外 円	外 円	外 円	外 円
	前期から繰り越した特別償却不足額又は合併特別償却不足額	33					
	合計 (30)+(32)+(33)	34	5,000,000				
当期償却額		35	5,000,000				
差引	償却不足額 (34)-(35)	36					
	償却超過額 (35)-(34)	37					
償却超過額	前期からの繰越額	38	外	外	外	外	外
当期損金認容額	償却不足によるもの	39					
	積立金取崩しによるもの	40					
	差引合計翌期への繰越額 (37)+(38)-(39)-(40)	41					
特別償却不足額	翌期に繰り越すべき特別償却不足額 ((36)-(39)+(33)のうち少ない金額)	42					
	当期において切り捨てる特別償却不足額又は合併等特別償却不足額	43					
	差引翌期への繰越額 (42)-(43)	44					
翌繰越額内訳		45	・・・				
	当期分不足額	46					
適格組織再編成等により引き継ぐべき特別償却不足額 ((36)-(39))と(32)のうち少ない金額)		47					

備考

■特別償却の付表(8)

中小企業者等又は中小連結法人が取得した特定経営力向上設備等の特別償却の償却限度額の計算に関する付表 (措法42の12の4①、68の15の5①、旧措法42の12の4①、68の15の5①)

事業年度又は連結事業年度	令和 4・4・1 令和 5・3・31	法人名	株式会社当社

事 業 の 種 類	1	卸売業		
(機械・装置の耐用年数表の番号) 特定経営力向上設備等の種類等	2	(40) 機械装置 倉庫業用設備	( )	( )
特定経営力向上設備等の名称	3	収益力強化設備		
設置した工場、事業所等の名称	4			
取 得 等 年 月 日	5	令 4 ・ 10 ・ 1	・ ・	・ ・
指定事業の用に供した年月日	6	令 4 ・ 10 ・ 1	・ ・	・ ・
購 入 先	7			
取 得 価 額	8	5,000,000 円	円	円
普 通 償 却 限 度 額	9	210,000		
特 別 償 却 限 度 額 (8)－(9)	10	4,790,000		
償却・準備金方式の区分	11	(償却)・準備金	償却・準備金	償却・準備金
適用要件等	主務大臣の認定を受けた年月日	12	・ ・	・ ・	・ ・
	経営力向上設備等の仕様、性能等判定上参考となる事項	13			
	収益力強化設備、デジタル化設備又は経営資源集約化設備に該当する旨の確認を受けた年月日	14	・ ・	・ ・	・ ・
	収益力強化設備、デジタル化設備又は経営資源集約化設備に該当する旨の確認書の番号	15			
	主として電気の販売を行うために取得等をする発電設備等であるかの判定	16	該当 ・(非該当)	該当 ・ 非該当	該当 ・ 非該当
	国際標準化機構及び国際電気標準会議の規格15408に基づく評価及び認証の有無	17	有 ・(無)	有 ・ 無	有 ・ 無

中 小 企 業 者 又 は 中 小 連 結 法 人 の 判 定

				大規模法人等の保有する明細		順位	大規模法人		株 式 数 又 は 出 資 金 の 額	
発行済株式又は出資の総数又は総額	18			大規模法人等の保有する明細		1		26		
(18)のうちその有する自己の株式又は出資の総数又は総額	19							27		
差 引(18)－(19)	20				人			28		
常 時 使 用 す る 従 業 員 の 数	21							29		
大規模法人等の保有割合の株式合	第1順位の株式数又は出資金の額 (26)	22				%		30		
	保 有 割 合 (22)/(20)	23			%			31		
	大規模法人の保有する株式数等の計 (32)	24						計 (26)＋(27)＋(28)＋(29)＋(30)＋(31)	32		
	保 有 割 合 (24)/(20)	25			%						

※適用要件等及び中小企業者又は中小連結法人の判定の記載は省略しています。

中小企業者等が特定経営力向上設備等を取得した場合の法人税額の特別控除に関する明細書			事業年度	令和 4・4・1 令和 5・3・31	法人名	株式会社当社				別表六（二十三）

事 業 種 目		1	卸売業				
資産区分	種 類	2	機械装置				
	設 備 の 種 類 又 は 区 分	3	倉庫業用設備				
	細 目	4					
	取 得 年 月 日	5	令 4・10・1	・ ・	・ ・	・ ・	・ ・
	指定事業の用に供した年月日	6	令 4・10・1	・ ・	・ ・	・ ・	・ ・
取得価額	取 得 価 額 又 は 製 作 価 額	7	円 5,000,000	円	円	円	円
	法人税法上の圧縮記帳による積 立 金 計 上 額	8					
	差 引 改 定 取 得 価 額 (7)-(8)	9	5,000,000				

法 人 税 額 の 特 別 控 除 額 の 計 算							
当期分	取 得 価 額 の 合 計 額 ((9)の合計)	10	円 5,000,000	前期繰越分	差引当期税額基準額残額 (14)-(15)-(別表六(十四)「19」)-(別表六(二十二)「19」)	18	円 428,000
	同上のうち特定中小企業者等に係る額	11	5,000,000		繰越税額控除限度超過額 (24の計)	19	
	税 額 控 除 限 度 額 ((10)-(11))×$\frac{7}{100}$+(11)×$\frac{10}{100}$	12	500,000		同上のうち当期繰越税額控除可能額 ((18)と(19)のうち少ない金額)	20	
	調 整 前 法 人 税 額 (別表一「2」又は別表一の三「2」若しくは「14」)	13	4,640,000		調整前法人税額超過構成額 (別表六(六)「7の⑱」)	21	
	当 期 税 額 基 準 額 (13)×$\frac{20}{100}$-(別表六(十四)「14」)-(別表六(二十二)「14」)	14	928,000		当 期 繰 越 税 額 控 除 額 (20)-(21)	22	
	当 期 税 額 控 除 可 能 額 ((12)と(14)のうち少ない金額)	15	500,000		法 人 税 額 の 特 別 控 除 額 (17)+(22)	23	500,000
	調整前法人税額超過構成額 (別表六(六)「7の⑲」)	16					
	当 期 税 額 控 除 額 (15)-(16)	17	500,000				

翌 期 繰 越 税 額 控 除 限 度 超 過 額 の 計 算				
事業年度又は連結事業年度	前期繰越額又は当期税額控除限度額 24	当 期 控 除 可 能 額 25	翌 期 繰 越 額 (24)-(25) 26	
・ ・	円		円	
・ ・		外		円
・ ・				
計		(20)		
当 期 分	(12) 500,000	(15) 500,000	外 0	
合 計			0	

機 械 設 備 等 の 概 要	

DX投資 促進税制	**Q4-1　事業適応計画の認定要件**

　DX投資促進税制の適用を受けるためには，事業適応計画の認定を受ける必要があると聞きました。その認定要件について教えてください。

A4-1

　DX（デジタルトランスフォーメーション）投資促進税制の適用を受けるためには，以下の要件を満たす必要があります。

- Ⅰ　生産性の向上に関する目標に関する要件又は新たな需要の開拓に関する目標に関する要件
- Ⅱ　財務の健全性の向上に関する目標の設定に関する要件
- Ⅲ　前向きな取組みに関する要件
- Ⅳ　全社的取組みに関する要件

解　説

　各要件の内容は，次のとおりです。

Ⅰ　生産性の向上に関する目標又は新たな需要の開拓に関する目標

(1)　生産性の向上に関する目標

　計画終了年度において，次のいずれかの達成が見込まれることが要件となります。

① 事業適応計画の実施期間の終了時を含む事業年度（計画終了年度）における修正ROAの値が，事業適応計画の開始の直前の事業年度（基準年度）の当該値より2％以上上回ること

$$修正ROA＝（営業利益＋減価償却費＋研究開発費）÷総資産簿価$$

② 有形固定資産回転率の値が，基準年度の当該値より５％以上上回ること

$$有形固定資産回転率＝売上高÷有形固定資産の帳簿価額$$

③ 従業員１人当たりの付加価値額の値が，基準年度における当該値より６％以上上回ること

$$従業員１人当たりの付加価値額＝\frac{（営業利益＋人件費＋減価償却費）}{従業員数}$$

④ 計画終了年度において，総資産利益率（営業利益÷総資産簿価）が，平成31年２月１日から令和２年１月31日までに終了する事業年度（起算年度）の４事業年度前から起算年度までの間（比較対象期間）における総資産利益率の平均値を1.5％以上上回ること

⑤ 上記①から④までのいずれかに相当する生産性の向上に関する他の指標が改善すること

⑵　需要の開拓に関する目標

計画終了年度において次のいずれかの達成が見込まれることが要件となります。

① 事業適応に係る商品又は役務の売上高の伸び率が，過去５事業年度における当該商品又は当該役務が属する業務の売上高の伸び率の実績値を３％以上上回ること

② 下記イの値が，１を上回り，かつ，ロの値を５％以上上回ること

イ	事業適応計画に係る商品 又は役務の売上高の額 ーーーーーーーーーーーーーーーーーー 計画開始年度における当該商品 又は役務の売上高の額
ロ	基準年度における当該商品 又は役務に係る業種の売上高の額 ーーーーーーーーーーーーーーーーーー 基準年度の4事業年度前の 事業年度における当該売上高の額

※計画開始年度：認定事業適応計画の開始の日の属する事業年度

Ⅱ　財務の健全性の向上に関する目標の設定に関する要件

　事業適応計画の終了年度において，次に掲げる(1)及び(2)の目標の達成が見込まれることが要件となります。

(1)　有利子負債倍率が10以下であること

有利子負債倍率

$$= \frac{\text{有利子負債合計額} - \left(\text{現金預金} + \substack{\text{信用度の高い} \\ \text{有価証券等の評価額}} + \text{運転資金の額}\right)}{\text{留保利益の額} + \text{減価償却費} + \text{前事業年度からの引当金増減額}}$$

(2)　経常収入の額＞経常支出の額

Ⅲ　前向きな取組みに関する要件

　事業適応計画に係る取組の内容が，クラウド技術を活用し，既存データと次のいずれかのデータとを連携して有効に利活用することが要件となります。

- グループ内外の事業者・個人の有するデータ
- センサー等を利用して新たに取得するデータ

また，上記の要件に加え，情報技術事業適応の内容が，次に掲げるいずれかの取組類型に該当することが見込まれる必要があります。

	取組類型	要 件
①	新商品の生産又は新サービス提供	投資額に対する新商品等の収益の割合が10倍以上
②	商品の新生産方式の導入，設備の能率の向上	商品等1単位当たりの製造原価等を基準年度から8.8％以上削減
③	商品の新販売方式の導入，サービスの新提供方式の導入	商品等1単位当たりの販売費等を基準年度から8.8％以上削減

Ⅳ　全社的取組みに関する要件

実施しようとする事業適応が，取締役会その他これに準ずる機関による経営の方針に係る決議・決定（一事業部門・一事業拠点でなく組織的な意思決定）に基づくものであることが必要です。

これは，事業適応計画に係る前向きな取組みについて，申請事業者の経営層がコミットメントを行い，全社として取り組むことを求めるものです。仮に一事業部門が行うものである場合でも，それが全社的な意思決定や全社的な戦略のもとで行う取組であれば，具体的な取組が段階的に行われることをもって認定要件に該当しないと判断されるものではありません。

なお，事業適応計画を実施することについての取締役会における決議を示す文書など，申請事業者における組織的な意思決定を証する書面を申請書に添付する必要があります。

　DX投資促進税制の適用を受けるためには，事業適応計画の認定申請と合わせて，主務大臣が定める基準への適合性について確認を受けなければならないと聞きました。その内容について教えてください。

A4-2

　DX投資促進税制の適用を受けるためには，事業適応計画の認定に加えて，生産性の向上又は需要の開拓に特に資するものとして主務大臣が定める基準に適合することについて確認を受ける必要があります。具体的には以下の（1）から（5）までの全ての要件に該当する必要があります。

- （1）生産性の向上又は新たな需要の開拓に関する一定の目標を達成する見込みであること
- （2）前向きな取組みに関する一定の内容に該当する見込みであること
- （3）計画投資額が投資下限額以上であると見込まれること
- （4）設備等がクラウドシステムの構築又は使用に必要なものであること
- （5）DX認定を受けた者が行う情報技術事業適応であること

解　説

　上記（1）～（5）の各要件の内容は次のとおりです。

(1)　生産性の向上又は新たな需要の開拓に関する一定の目標を達成する見込みであること

① 生産性の向上に関する目標	② 需要の開拓に関する目標		
計画終了年度の総資産利益率が，起算年度の4事業年度前から起算年度までの間（比較対象期間）の総資産利益率の平均値を1.5％以上上回ること	イの値が，1を上回り，かつ，ロの値を5％以上上回ること		
	イ	計画終了年度における事業適応計画に係る商品又は役務の売上高の額	
		計画開始年度における当該商品又は役務の売上高の額	
	ロ	基準年度における当該商品又は役務に係る業種の売上高の額	
		基準年度の4事業年度前の事業年度における当該売上高の額	

⑵　前向きな取組みに関する一定の内容

　情報技術事業適応の内容が，次のいずれかの取組類型に該当することが見込まれる必要があります。

新商品の生産又は新たな役務の提供を行うもの	当該新商品又は新たな役務の収益の額を当該認定事業適応計画に係る情報技術事業適応設備等のうち対象情報技術事業適応設備等の額の合計額で除して得た値が，計画終了年度において10以上となるものであること
商品の新たな生産方式の導入又は設備の能率の向上を行うもの	計画終了年度において，当該商品に係る一単位当たり製造原価を基準年度における当該製造原価から8.8％以上低減させるものであること又はその情報技術事業適応に係る事業分野の特性に応じて，当該商品に係る売上原価の額をその売上高の額で除した値を，基準年度における当該値から8.8％以上低減させるものであること
商品の新たな販売方式の導入又は役務の新たな提供の方式の導入を行うもの	計画終了年度において，当該商品若しくは役務の提供に係る1単位当たり販売費の額を基準年度における当該販売費の額から8.8％以上低減させるものであること又はその情報技術事業適応に係る事業分野の特性に応じて，当該商品若しくは役務の提供に係る販売費及び一般管理費若しくは当該商品若しくは役務の提供に係る売上原価の額をその売上高の額で除した値を，基準年度における当該値から8.8％以上低減させるものであること

⑶　計画投資額が投資下限額以上であると見込まれること

　　認定事業適応計画に係る対象情報技術事業適応設備等の取得等に要する
額の合計額（計画投資額）が，当該認定事業適応事業者の基準年度の2事
業年度前から基準年度までの間のその国内売上高の額の平均値に0.1％を
乗じて得た額（投資下限額）以上であると見込まれる必要があります。

⑷　設備等がクラウドシステムの構築又は使用に必要なものであること

　　認定事業適応事業者が行う情報技術事業適応に係る情報技術事業適応設
備等が，次のいずれにも該当するものであることが必要となります。

　①　クラウドシステムの構築又は使用に必要なものであること
　②　主としてソフトウェア業，情報処理サービス業又はインターネット
　　　附随サービス業に該当する事業の用に供するものでないこと
　③　機械及び装置並びに器具及び備品については，クラウドシステムに
　　　おいて利用するデータの全部若しくは一部の継続的かつ自動的な収
　　　集を行うもの又は当該データの分析を踏まえた生産，販売その他の
　　　事業活動に対する継続的な指示を受けるものであること
　④　繰延資産については，クラウドシステムの構築又は使用に係るもの
　　　であること

⑸　DX認定を受けた者が行う情報技術事業適応であること

　　情報処理の促進に関する法律第31条の規定に基づく認定を受けた者が行
う情報技術事業適応であることが要件となります。

DX投資 促進税制	Q4-3　対象となる設備

DX投資促進税制の適用対象となる設備について教えてください。

A4-3

　本税制の適用対象となる設備は，特定ソフトウェア，繰延資産，特定ソフトウェアとともに事業の用に供する機械装置，器具備品が対象となります。

解　説

　本税制は，認定事業適応事業者が指定期間内に，認定事業適応計画に従って実施される情報技術事業適応の用に供するために取得する以下の資産が対象になります。

⑴　特定ソフトウェア

　特定ソフトウェアとは，電子計算機に対する指令であって一の結果を得ることができるように組み合わされたものをいい，システム仕様書その他の書類も含まれます。なお，ソフトウェアのうち，複写して販売するための原本は，適用対象から除くこととされています。

⑵　情報技術事業適応を実施するために利用するソフトウェアのその利用に係る費用（繰延資産となるものに限る）

　繰延資産とは，法人が支出する費用のうち支出の効果がその支出の日以後1年以上に及ぶものをいいます。電子計算機やソフトウェアその他の機器の賃借に伴って支出する引取運賃，関税，据付費その他の費用がこれに当たり，例えば，クラウドシステムへの移行に係る初期費用などが該当し

192　第3章　実践！ 特別償却 or 税額控除 ?

ます。

⑶ (1)(2)のソフトウェアとともに情報技術事業適応の用に供する機械装置又は器具備品

特定ソフトウェアについては，独立したアプリケーションソフトだけでなく，機械装置や電子計算機（パソコンなど）に組み込まれているもの（OS，ミドルウェア，アプリケーションソフト等の区分なく一体として機能するものなど）であっても，上記の機能を有するものであれば適用対象となります。

よって，取得等をする機械装置又は器具備品にソフトウェア機能（データ収集，分析，指示機能等）が組み込まれている場合であれば，ソフトウェアの資産計上が新たになくとも，その器具備品又は機械装置について本税制の適用対象となります。

特定ソフトウェアや対象となる器具備品又は機械装置の取得については，取引先から購入したものに加え，自らが製作するものも本税制の対象となります。

なお，情報技術事業適応設備であっても次の設備等は対象外になります。

中古設備	―
貸付設備	単なる貸付けではなく，特定ソフトウェアを製作して他者に対して使用許諾（使用料を徴収）する場合は，貸付設備に該当せず，本税制の対象となることがあります。
右の事業の用に供する設備	ソフトウェア業，情報処理サービス業，インターネット附随サービス業
研究開発税制の適用がある試験研究の用に供する設備	主として産業試験研究の用に供される設備をいいます。産業試験研究とは，具体的には次に掲げる試験研究をいいます。 ① 製品の製造又は技術の改良，考案若しくは発明に係る試験研究（新たな知見を得るため又は利用可能な知見の新たな応用を考案するために行うものに限る） ② 新たなサービス開発（対価を得て提供する新たな役務の開発を目的として一定の情報の取得及び分析等の全てが行われる場合のその情報の取得及び分析等のそれぞれ）
国内にある事業の用に供しない設備	―
税法上車両運搬具，建物，建物附属設備等に分類される設備	―

| DX投資
促進税制 | **Q4-4　クラウドサービスを導入した場合** |

　クラウドサービスに係る費用についてDX投資促進税制が適用でき
ると聞きましたが，その内容を教えてください。

A4-4

　新たにクラウドサービスを導入する際に支出した費用が一定の事業適応
繰延資産となる場合，その導入費用が本制度の適用対象になります。

　なお，クラウドサービス利用料のように期間費用として計上されるもの
は対象になりません。

解　説

　本税制の適用対象となる事業適応繰延資産とは，認定事業適応事業者が，
指定期間内に，情報技術事業適応を実施するために利用するソフトウェア
のその利用に係る費用を支出した場合における，その支出した費用に係る
繰延資産をいいます。

　会社法上，繰延資産とは「繰延資産として計上することが適当であると
認められるもの」としており，その内容については，一般に公正妥当と認
められる企業会計の基準その他の企業会計の慣行をしん酌することとされ
ています。

　企業会計上，将来の期間に影響する特定の費用は，次期以後の期間に配
分して処理するため経過的に繰延資産として資産の部に記載することがで
きるとされています。具体的には，株式交付費，社債発行費等，創立費，
開業費，開発費をいいます。

一方，法人税法上，繰延資産とは，法人が支出する費用のうち支出の効果がその支出の日以後1年以上に及ぶもので政令で定めるものをいいます。

　そして，政令で定めるものとは，法人が支出する費用（資産の取得に要した金額とされるべき費用及び前払費用を除く）のうち，次に掲げるものをいいます。

　(1)　創立費

　(2)　開業費

　(3)　開発費

　(4)　株式交付費

　(5)　社債等発行費

　(6)　(1)から(5)に掲げるもののほか，次に掲げる費用で支出の効果がその支出の日以後1年以上に及ぶもの

　　①　自己が便益を受ける公共的施設又は共同的施設の設置又は改良のために支出する費用

　　②　資産を賃借し又は使用するために支出する権利金，立ちのき料その他の費用

　　③　役務の提供を受けるために支出する権利金その他の費用

　　④　製品等の広告宣伝の用に供する資産を贈与したことにより生ずる費用

　　⑤　①から④までに掲げる費用のほか，自己が便益を受けるために支出する費用

　ご質問の新たにクラウドサービスを導入する際に支出した費用は，上記②「資産を賃借し又は使用するために支出する権利金，立ちのき料その他の費用」に該当すると考えられます。

　一般的に，繰延資産については税額控除又は特別償却の適用はありません。ただし，DX投資促進税制は，既存のITシステムが老朽化・複雑化・

ブラックボックス化してデータを十分に活用できないという課題の中で，このようなレガシーシステムの温存・拡大から脱却しDXを推し進めていくための政策の1つです。したがって，ソフトウェアについてはクラウドを通じて利用するもののほうが政策目的に適合することに鑑み，事業適応繰延資産については税額控除又は特別償却の適用対象とされています。

　なお，クラウドを通じてソフトウェアを利用する場合には，利用料が期間費用として発生することになりますが，このクラウドサービス利用料について本税制の適用はありません。

当社はDX投資促進税制の対象資産となる特定ソフトウェアを自社で製作する予定です。開発計画では特定ソフトウェアの設計開始から完成まで1年以上要する予定ですが，この場合，どの事業年度に適用を受けることができますか。

A4-5

DX投資促進税制は，ソフトウェアが完成し，事業の用に供した日を含む事業年度に適用を受けることができます。

解　説

本税制は産業競争力強化法等の一部を改正する法律の施行の日である令和3年8月2日から令和5年3月31日までの間（以下「指定期間」といいます）に適用対象資産を取得等し，事業の用に供した場合に適用されます。具体的には，適用対象資産ごとにその取扱いが定められています。

(1)　情報技術事業適応設備の場合

青色申告書を提出する認定事業適応事業者が，指定期間内に情報技術事業適応設備でその製作の後，事業の用に供されたことのないものを取得し，又はその情報技術事業適応設備を製作して，これを国内にある認定事業適応事業者の事業の用に供した場合におけるその事業の用に供した日を含む事業年度（以下「供用年度」といいます）において，本税制の適用を受けることができます。

この事業の用に供した日とは，その減価償却資産の持つ属性に従って本来の目的のために使用を開始するに至った日をいいます。例えば，情報技

術事業適応設備に該当する機械装置を購入した場合は，機械装置を工場内に搬入しただけでは事業の用に供したとはいえず，その機械装置を据え付け，試運転を完了し，製品等の生産を開始した日が事業の用に供した日となります。

(2)　事業適応繰延資産の場合

　青色申告書を提出する認定事業適応事業者が，指定期間内に事業適応繰延資産となる費用を支出した場合におけるその支出した日を含む事業年度（以下「支出年度」といいます）において，本税制の適用を受けることができます。

　なお，供用年度及び支出年度からは，解散の日を含む事業年度及び清算中の各事業年度を除くこととされています。ただし，合併による解散を除くこととされているため，被合併法人の最終事業年度においては，本税制の適用を受けることができます。

　ご質問の場合は(1)のケースに該当しますので，特定ソフトウェアの製作が完了し，国内にある貴社の事業の用に供した日を含む事業年度において本税制の適用を受けることができます。

　ただし，本税制の適用を受けるためには，令和5年3月31日までに事業適応計画の認定等を受けた後にソフトウェアを製作し，事業の用に供する必要があります。仮にソフトウェアの製作期間が計画よりも延びて，指定期間内に事業の用に供することができない場合には，本税制の適用を受けることはできません。

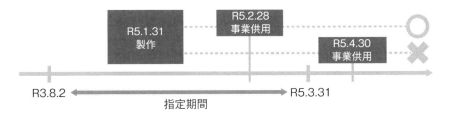

当社は事業適応計画を申請し，主務大臣の認定を受けましたが，認定を受けた後に購入する設備を見直し，追加で設備を取得することになりました。この場合において，認定事業適応計画に記載のない設備もDX投資促進税制の適用を受けることができますか。

A4-6

認定事業適応計画に記載のない設備を取得しても本税制の適用を受けることはできません。ただし，認定事業適応計画の変更手続を行い，変更の認定を受けることで，その変更後の認定事業適応計画に記載された設備について本税制の適用を受けることができます。

解　説

本税制は，主務大臣の認定を受けた事業適応計画に従って実施される情報技術事業適応（生産性の向上又は需要の開拓に特に資するものとして主務大臣が定める基準に適合することについて主務大臣の確認を受けたものに限る）を行う認定事業適応事業者が，その情報技術事業適応の用に供するために取得し，又は製作した機械装置，器具備品並びにソフトウェア等を対象とした税制措置です。

そのため，設備投資を行う前に事業適応計画を作成し，主務大臣の認定等を受ける必要があり，認定事業適応計画に記載のない設備を取得しても本税制の適用を受けることはできません。

ただし，認定事業適応計画に記載した投資設備の計画に変更が生じた場合には，認定事業適応計画の変更手続を行い，変更の認定を受けることで，その変更後の認定事業適応計画に記載された設備について本税制の適用を

受けることができます。

　本税制適用の前提となる事業適応計画の策定段階においては，通常，対象設備の発注や契約書の締結といった段階まで至っておらず，事業適応計画策定に用いる投資見込金額策定のための見積書等を入手しているにすぎないことが想定されます。

　したがって，ここで必要となる対象資産等の投資予定額は，投資利益率の分母金額の算定根拠となった見積書等を根拠資料とすることで足りるものとしています。

　具体的には，本税制の適用を受けるにあたって，事業適応計画策定時に，その計画に係る取組みに必要な投資内容を事業適応計画の認定申請書別表2-2（情報技術事業適応に伴う設備投資等の内容）に記載することになります。

　本税制の適用対象となるのは，この別表に記載された設備等に限られますので，十分に精査した上で記載することが必要になります。主務官庁は事業適応計画の認定にあたり，対象設備に合致するか，導入予定設備の取得価額の合計額が投資額下限額を上回っているか，などを確認します。

　また，事業適応計画の実施中に計画を大きく変更する場合には，変更申請を行い，その認定を受ける必要があります。例えば，生産性向上の目標値の大幅な変更や，前向きな取組みの内容の大幅な変更などが対象となります。計画変更の際の認定基準は，当初の申請時と同じ基準が適用され，また，変更認定の後に公表される点も同様です。計画変更の内容によっては，「課税の特例の基準」の適合確認を受ける必要もあります。

　なお，本税制に係る課税の特例の確認は，同一法人一回までのみ受けることができるため，複数の計画に基づく投資を本税制の対象とすることはできません。

DX投資 促進税制	**Q4-7　計画認定と資産の取得時期**

　当社は製造業を営む3月決算の法人です。1月にビッグデータを活用して生産性の向上を図るソフトウェアを購入し事業の用に供しています。本ソフトウェアの取得後にDX投資促進税制があることを知りましたが，本ソフトウェアはDX投資促進税制の対象資産となる可能性が高いため，事業適応計画を申請し，3月までに認定を受けようと考えております。

　このように，設備を取得した後に事業適応計画を申請し，事業年度末までに認定を受けた場合には，本税制の適用は受けることができますか。

A4-7

　ご質問のケースでは，本税制の適用を受けることはできません。

解　説

　DX投資促進税制は，青色申告書を提出する法人で，産業競争力強化法第21条の28第2項に規定する認定事業適応事業者であるものが，指定期間内に新品の情報技術事業適応設備を取得又は製作して，国内にあるその法人の事業の用に供した場合に適用を受けることができます。

　ここで，認定事業適応事業者とは，産業競争力強化法に定める事業適応計画の認定を受けた事業者をいいます。また，認定事業適応計画に従って実施される情報技術事業適応については，生産性の向上又は需要の開拓に特に資するものとして主務大臣が定める基準に適合することについて主務大臣の確認を受ける必要があります。

　すなわち，本税制の適用を受けるためには，あらかじめ産業競争力強化

法に定める事業適応計画の認定及び生産性の向上又は需要の開拓に特に資するものとして主務大臣が定める基準に適合することについての確認を受ける必要があります。

　また，本税制は，中小企業経営強化税制のように，計画の認定前に取得した設備等であっても，取得日から60日以内にその計画が認定を受ければ税制の適用を受けることができるような弾力的な措置は規定されていません。

　ご質問の場合，ソフトウェアを購入する前に事業適応計画の認定等を受けていないため，認定事業適応事業者に該当せず，本税制の適用を受けることはできません。認定申請をしてから計画の認定が下りるまで一定の期間を要するため，余裕をもって申請をし，認定を受けた上で適用対象資産を取得等することが必要となります。

【参考】申請手続のスケジュールイメージ

ロ　計画の認定を希望する際，計画の認定（計画開始）を予定している時点から，約2カ月程度前に事業を所管している省庁への事前相談が必要

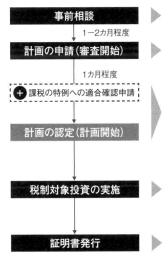

事前相談　▶ 要件に合致するかどうかを確認。事前相談の開始から正式申請までに要する期間は個別事業者の進捗によります。（概ね1〜2カ月程度）

1−2カ月程度

計画の申請（審査開始）　▶ 所定の申請書＋添付書類を提出

1カ月程度

➕ 課税の特例への適合確認申請　▶ 繰越欠損金の控除上限の特例又はDX投資促進税制の適用を受ける場合，課税の特例（要件）への適合性の確認は，計画の審査プロセスと併せて行われます。課税の特例（要件）への適合性が確認された場合は，その旨が認定書又は確認書において表示されます。

計画の認定（計画開始）　▶ CN投資促進税制の適用を受ける場合も，計画に定める投資設備が税制対象設備であることの確認は，計画の審査プロセスと併せて行われますが，こちらは「確認書」などの別の文書交付はありません。

　　　　　　　　　　　　　　　＜税制措置①：DX投資促進税制，CN投資促進税制＞

税制対象投資の実施　▶ 税制の適用期間内に（ⅰ）設備等を製作・取得し，（ⅱ）その事業の用に供した場合に，法人税の特例措置（税額控除・特別償却）の適用を受けることが可能

　　　　　　　　　　　　　　　＜税制措置②：繰越欠損金の控除上限の特例＞

証明書発行　▶ 投資の内容が税制対象であること等の事後証明書の発行を受けることが必要（税務申告までに認定省庁から別途証明書の発行を受ける必要があります）

（出所）経済産業省「産業競争力強化法における事業適応計画について」

| | DX投資
促進税制 | **Q4-8 事業適応計画を共同申請した場合の
投資額の下限** |

<table>
<tr><td>DX投資
促進税制</td><td colspan="2">Q4-8 事業適応計画を共同申請した場合の
投資額の下限</td></tr>
</table>

　当社は，DX投資促進税制の適用を受けるために必要な事業適応計画について，A社と共同で申請しようと考えています。当社とA社（連結会社には該当しません）の国内における取引金額は下記のとおりです。この場合に投資額の下限について教えてください。

取引金額	当　社	A社
3年前の国内売上高	50億円	4億円
2年前の国内売上高	30億円	6億円
1年前の国内売上高	40億円	8億円
過去3年間の平均値	40億円	6億円

A4-8

　投資下限額は，貴社とA社でそれぞれ400万円及び60万円となります。

解　説

　本税制の適用を受ける場合，その認定事業適応事業者の認定事業計画に係る対象情報技術事業適応設備等の取得等に要する額の合計額（計画投資額）が，その認定事業適応事業者の基準年度（認定事業適応計画の開始の日の属する事業年度（計画開始年度）の前事業年度）の2事業年度前から基準年度までの間のその国内売上高の額の平均値の0.1％以上であることが見込まれることが必要となります。

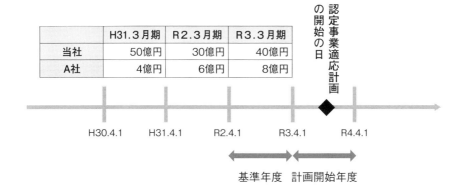

	H31.3月期	R2.3月期	R3.3月期
当社	50億円	30億円	40億円
A社	4億円	6億円	8億円

認定事業適応計画の開始の日

H30.4.1　H31.4.1　R2.4.1　R3.4.1　R4.4.1

基準年度　計画開始年度

　本税制は，他の事業者と共同で事業適応計画を申請することができます。他の事業者と共同で事業適応計画を申請する場合，それぞれの計画投資額が投資下限額以上の見込みとなる必要があります。例えば，α社（下限額300万円）とβ社（下限額100万円）が共同申請する場合，α社は300万円以上，β社は100万円以上の投資計画を定めなければならず，計画投資額の合計額が500万円であったとしても，α社250万円，β社250万円の場合はα社が要件を満たさず，計画の認定を受けることはできません。

　また，申請者が連結財務諸表の用語，様式及び作成方法に関する規則第2条第5項に規定する連結会社（一般的には，連結財務諸表作成にあたって連結の範囲に含まれている会社をいいます）であり，同一の連結決算グループに属する事業者同士で申請する場合は，その投資額の総額がその下限値以上となることで要件を満たすこととなります。

　なお，適用対象資産について，ソフトウェア等の取得価額又は繰延資産ごとに投資下限額は設定されておらず，事業適応計画ごとに投資額を設定することになります。

　よって，ご質問の場合，投資下限額は，本税制の適用を受けようとする貴社及びA社の国内売上高（過去3年間平均値）の0.1％である400万円及び60万円となります。

DX投資 促進税制	**Q4-9　同一企業グループ内で設備取得した場合**

　親会社である当社は，認定事業適応計画に係る情報技術事業適応の用に供する設備を取得しますが，当社単独では生産性向上目標を達成する見込みがありません。ただし，この設備は，当社が子会社であるＡ社にクラウドサービスの形で提供した上でＡ社が認定事業適応計画に従って事業を行い，Ａ社においては生産性向上目標を達成できる見込みです。

　この場合，当社及びＡ社はDX投資促進税制の適用を受けることはできるでしょうか。なお，生産性向上目標以外の他の認定要件は満たしています。

A4-9

　事業適応計画を共同申請（連名での申請）し，親会社が取得したシステムに本税制を適用する方法と，子会社が親会社から提供を受けたシステム利用に係る初期費用（繰延資産）に本税制を適用する方法があります。

解　説

　同一企業グループ内において，親会社が認定事業適応計画に係る情報技術事業適応の用に供する設備の取得又は製作及び当該設備の管理又は運用を行い，子会社がその認定事業適応計画に従って事業を行う場合には，親会社が生産性向上目標に関する要件を満たすことが見込めない場合であっても，子会社が生産性向上目標に関する要件その他の認定要件を満たすときは共同申請をすることで認定を受けることができます（この場合であっても，親会社において本税制の適用を受けることができます）。

　また，システムを取得して資産計上する親会社が，子会社にクラウド

サービスという形で当該システムを提供し，子会社においてその利用に係る初期費用を繰延資産として処理する場合は，当該繰延資産及びこれとともにその事業の用に供される機械装置・器具備品が本税制の適用対象になり得ます。上記については重複適用が認められないため，いずれかを選択した上で申請する必要があります。

[参考] 機能会社である親会社と事業会社である子会社の関係性

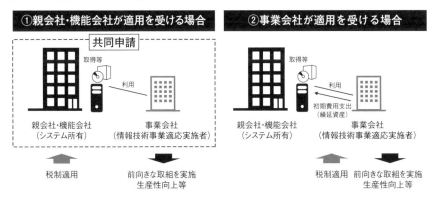

（出所）経済産業省「産業競争力強化法における事業適応計画について」

　ご質問の場合，貴社単体では生産性向上目標に関する要件を満たしませんが，A社は生産性向上目標に関する要件を満たしており，他の認定要件も満たしているため，共同申請することで，貴社が取得する情報技術事業適応設備について本税制の適用を受けることができます。

　また，A社は生産性向上目標に関する要件を満たしているため，A社がその他の認定要件も満たす場合には，A社単独で申請することで，A社が支出する事業適応繰延資産に該当するクラウドサービスの導入費用について本税制の適用を受ける方法があります。

　貴社又はA社のどちらで本税制の適用を受けるのが有利であるか，その他の事情も踏まえた上で検討する必要があるでしょう。

| DX投資
促進税制 | **Q4-10　税額控除率５％の適用を受けるため
の要件** |

DX投資促進税制について税額控除の適用を受けようとする場合，取得価額に対して３％の税額控除と５％の税額控除がありますが，５％の税額控除を受けるための要件を教えてください。

A4-10

グループ会社以外の者とのデータ連携を行う取組みに該当する旨の主務大臣の確認を受けることで，５％の税額控除の適用を受けることができます。

解　説

本税制は，青色申告書を提出する法人で認定事業適応事業者であるものが，指定期間内に新品の情報技術事業適応設備を取得し，これを国内にあるその法人の事業の用に供した場合に特別償却又は税額控除の適用を受けることができる制度です。

税額控除を選択する場合，情報技術事業適応設備の取得価額又は事業適応繰延資産の額の３％相当額を控除することができますが，次に掲げる場合には，情報技術事業適応設備の取得価額又は事業適応繰延資産の額の５％相当額を控除することができます。

情報技術事業適応のうち，産業競争力強化法第2条第1項に規定する産業競争力の強化に著しく資するものとして経済産業大臣が定める基準に適合するものであることについて主務大臣の確認を受けたものの用に供する情報技術事業適応設備に該当する場合
情報技術事業適応のうち，産業競争力強化法第2条第1項に規定する産業競争力の強化に著しく資するものとして経済産業大臣が定める基準に適合するものであることについて主務大臣の確認を受けたものを実施するために利用するソフトウェアのその利用にかかる費用に係る事業適応繰延資産に該当する場合

　産業競争力の強化に著しく資するものとして経済産業大臣が定める基準は，認定事業適応事業者が行おうとする情報技術事業適応が，高度クラウドシステムを活用して行うものとされています。そしてこの高度クラウドシステムについては，事業適応の実施に関する指針（財務省・経済産業省告示第6号）において以下のとおり定められています。

① 親会社等（認定事業適応事業者の親会社，子会社及びその認定事業適応事業者以外のその親会社の子会社）以外の他の会社の有するデータと連携して，有効に利活用できるものであること

② クラウドシステムを活用して行うものであること

　すなわち，グループ会社以外の者とのデータ連携を行う取組である旨の主務大臣の確認を受けた事業適応計画の実施に必要な投資に対して税額控除率5％が適用されることになります。

　会社間のデータ連携の類型と税額控除率の適用関係は，次ページの図のとおりです。

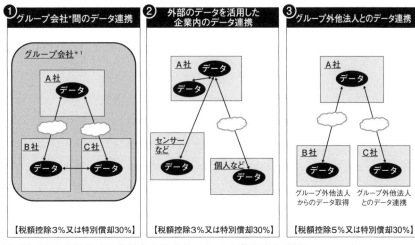

①グループ会社*間のデータ連携

グループ会社*1

A社
データ

B社
データ

C社
データ

【税額控除3%又は特別償却30%】

②外部のデータを活用した企業内のデータ連携

A社
データ
データ

センサーなど
データ

個人など
データ

【税額控除3%又は特別償却30%】

③グループ外他法人とのデータ連携

A社
データ

B社
データ

C社
データ

グループ外他法人
からのデータ取得

グループ外他法人
とのデータ連携

【税額控除5%又は特別償却30%】

（出所）経済産業省「産業競争力強化法における事業適応計画について」

　本税制の適用を受ける場合には，事業適応計画の認定申請書と併せて，情報技術事業適応に係る確認申請書（様式第18の17）を作成し，提出する必要があります。5％の税額控除を適用する場合の記載事項は次のとおりです。

■記載例

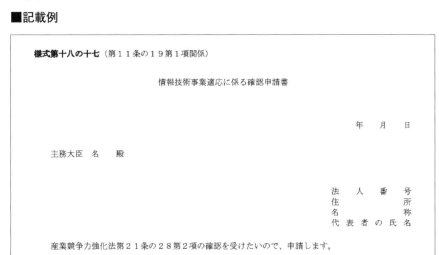

様式第十八の十七（第１１条の１９第１項関係）

情報技術事業適応に係る確認申請書

年　　月　　日

主務大臣　名　　殿

法　人　番　号
住　　　　　所
名　　　　　称
代　表　者　の　氏　名

産業競争力強化法第２１条の２８第２項の確認を受けたいので、申請します。

記

1．情報技術事業適応の目標

2．情報技術事業適応の内容
（1）情報技術事業適応の具体的内容

（2）連携・共有するデータの類型
①親会社等以外の他の会社の有するデータ

（3）産業競争力の強化に著しく資するものへの該当性

当社が実施しようとする情報技術事業適応は、産業競争力の強化に著しく資するものとして経済産業大臣が定める基準に適合する。

（4）売上高に占める投資額の割合（％）

3．情報処理の促進に関する法律第31条の規定に基づく認定に関する事項

4．その他

（備考）
　1．申請者が個人事業主の場合には名称及び法人番号の記載は不要とする。
　2．用紙の大きさは、日本産業規格A4とする。
　3．第11条の19第2項の規定による求めに係る書類を添付すること。

（記載要領）
　1．情報技術事業適応の目標
　　生産性の向上又は需要の開拓に特に資することを示す数値目標（産業競争力強化法第21条の28第2項の規定に基づく生産性の向上又は需要の開拓に特に資するものとして主務大臣が定める基準（以下「情報技術事業適応特例基準」という。）第1号に規定する具体的な指標を用いる。）を記載する。
　2．情報技術事業適応の内容
　（1）情報技術事業適応の具体的内容を要約的に記載する。この際、事業の全部又は一部の変更の内容及びその効果を示す指標（情報技術事業適応特例基準第2号に規定する情報技術事業適応の内容及びその効果を示す指標を用いる。）を記載する。
　（2）連携・共有するデータの類型を記載する。この際、情報技術事業適応において自己が有するデータと連携・共有するデータの別を次に掲げるデータから選択する。（複数選択可）
　　①親会社等（申請者の親会社（会社法第2条第4号に規定する親会社をいう。以下同じ。）、子会

社（同条第３号に規定する子会社をいう。以下同じ。）及び当該申請者以外の当該親会社の子会
社をいう。以下同じ。）以外の他の会社（個人の場合はその個人以外の他の者）の有するデータ

②親会社等の有するデータ（漏えい又は毀損をした場合に競争上不利益が生ずるおそれのあるもの
に限る。）

③個人の有するデータ

④申請者がセンサー等を利用して新たに取得するデータ

（３）産業競争力の強化に著しく資するものとして経済産業大臣が定める基準（令和３年経済産業省
告示第　　　号）に該当するものか否か記載する。

（４）売上高に占める投資額の割合として、申請者の直近３事業年度の国内売上高の額（申請者が連
結会社（連結財務諸表の用語、様式及び作成方法に関する規則（昭和５１年大蔵省令第２８号）第
２条第５号に規定する連結会社をいう。以下同じ。）である場合は、その国内売上高の額）の平均
値又はこれに準じた値に占める情報技術事業適応に伴う設備投資等の金額（この申請書と併せて提
出する様式第１８別表２－２の表中「税制対象」の欄に「○」が付された設備等の投資合計金額を
いう。以下同じ。）（申請者が連結会社である場合は、自己の設備投資等の金額に同一の連結の範
囲に含まれる他の認定事業適応事業者の設備投資等の金額を加えて得た額）の割合及びその計算式
を記載する。この際、小数点第３位を四捨五入した上で、百分率（％）で表記する。

３．情報処理の促進に関する法律第３１条の規定に基づく認定に関する事項

情報処理の促進に関する法律（昭和４５年法律第９０号）第３１条の規定に基づく経済産業大臣の
認定を受けているか否かを記載する。

４．その他

（１）過去に法第２１条の２８第２項の確認を受けたことがない旨を記載する。認定連結親法人又は
認定連結子法人（それぞれ情報技術特例基準に規定する「認定連結親法人」又は「認定連結子法人」
をいう。）の場合は、認定連結親法人又は認定連結子法人（以下「認定連結親法人等」という。）及
び当該認定連結親法人等との間に連結完全支配関係がある他の認定連結親法人又は認定連結子法人
が当該確認を受けたことがない旨を記載する。

（２）別表により、期待する税制措置の内容について記載する。

別表（期待する税制措置の内容）

特別償却	税額控除（３％）	税額控除（５％）
		○
特別償却見込み額・税額控除見込み額		千円

（注）特別償却又は税額控除（３％・５％）のいずれか期待する措置に「○」を付すこと。

（出所）産業競争力強化法施行規則様式第十八の十七（第11条関係）に一部加筆。

当社は製造業を営む３月決算法人です。令和３年６月に新たに製造ラインのシステム化を取締役会決議により決定しました。当社は，令和３年12月に事業適応計画について認定を受けた後，当該製造ラインのシステム化に係るソフトウェアを租税特別措置法42条の12の７第１項に規定する情報技術事業適応設備として，令和５年１月に1,000万円で取得し事業の用に供しています。

当社は当該機械について令和５年３月期決算においてDX投資促進税制の適用を受けようと考えていますが，特別償却と税額控除のそれぞれの計算方法を教えてください。

なお，当社の令和５年３月期の法人税額は500万円（税額控除適用前）を見込んでいます。

A4-11

DX投資促進税制における特別償却は，取得した情報技術事業適応設備の取得価額の100分の30を特別償却限度額として普通償却限度額と併せて当期の償却費とすることができる制度です。

一方，税額控除は取得価額の３％又は５％相当額を特別控除限度額として法人税額から控除することができる制度です。

解　説

青色申告書を提出する法人で，産業競争力強化法第21条の28第２項に規定する認定事業適応事業者であるものが，産業競争力強化法等の一部を改正する等の法律の施行の日から令和５年３月31日までの期間内に，産業競争力強化法第21条の28第２項に規定する情報技術事業適応の用に供するた

めに特定ソフトウェアの新設若しくは増設をした場合等において，当該情報技術事業適応設備を国内にあるその法人の事業の用に供した場合には，特別償却又は税額控除の適用を受けることができます。

(1) 特別償却の適用を受ける場合

　情報技術事業適応設備について特別償却の適用を受ける場合の特別償却限度額は，情報技術事業適応設備の取得価額の100分の30に相当する金額とされ，普通償却限度額との合計額をもって当該事業年度の償却限度額となります。

　貴社の場合の具体的計算は，以下のとおりになります。

取得価額　10,000,000円

耐用年数　5年（ソフトウェア）

償却率　　0.2（定額法）

普通償却限度額　10,000,000円×0.2×3月/12月＝500,000円

特別償却限度額　10,000,000円×30/100＝3,000,000円

当期償却限度額　500,000円＋3,000,000円＝3,500,000円

---

(2) 税額控除の適用を受ける場合

　情報技術事業適応設備について税額控除の適用を受ける場合の税額控除限度額は，情報技術事業適応設備の取得価額の3％（グループ外の他の会社が有するデータ連携については5％）相当額とされています。

　この場合において，税額控除限度額が所得に対する調整前法人税額の20％に相当する金額を超えるときは，その控除を受ける金額は，当該20％に相当する金額を限度とするものとなります。

貴社の場合の具体的計算は，以下のとおりとなります。

取得価額　10,000,000円

税額控除限度額　10,000,000円×3％＝300,000円

調整前法人税額の20％　5,000,000円×20％＝1,000,000円

税額控除額　300,000円＜1,000,000円　∴300,000円

Q4-11の場合において，法人税の確定申告を行う場合に留意することがあれば教えてください。

A4-12

DX投資促進税制を適用するためには，法人税申告書に一定事項を記載し，一定の書類を添付して申告する必要があります。

解　説

Ⅰ　特別償却の適用を受ける場合

特別償却の適用を受けるためには，確定申告書等に次の書類を添付する必要があります。

- 旧定額法又は定額法による減価償却資産の償却額の計算に関する明細書（別表16(1)（償却方法として定率法を採用する場合には別表16(2)）
- 情報技術事業適応設備，事業適応繰延資産又は生産工程効率化等設備等の特別償却の償却限度額の計算に関する付表（特別償却の付表(11)）
- 事業適応計画に係る認定申請書等の写し
- 当該認定申請書に係る認定書等の写し
- 主務大臣から交付を受けた確認書の写し
- 適用額明細書

　税額控除の適用を受けるためには，確定申告書等に情報技術事業適応設備の取得価額，控除を受ける金額を記載するとともに，次の書類を添付して申告する必要があります。

- 事業適応設備を取得した場合等の法人税額の特別控除に関する明細書（別表6 ⑶）
- 事業適応計画に係る認定申請書等の写し
- 当該認定申請書に係る認定書等の写し
- 主務大臣から交付を受けた確認書の写し
- 適用額明細書

　特別償却の適用を受ける場合及び税額控除の適用を受ける場合の記載例は，218〜220ページのとおりです。

[貴社の概要]

(1)	事業の種類	製造業
(2)	決算月	3月
(3)	設備の種類等	ソフトウェア
(4)	取得日・事業供用日	令和5年1月1日
(5)	取得価額	10,000,000円
(6)	耐用年数	5年
(7)	償却方法/償却率	定額法/ 0.200
(8)	税額控除適用前法人税額	5,000,000円

■特別償却の付表⑪

情報技術事業適応設備、事業適応繰延資産又は生産工程効率化等設備等の特別償却の償却限度額の計算に関する付表（措法42の12の7①②③、68の15の7①②③）

事業年度又は連結事業年度	4・4・1 〜 5・3・31	法人名	株式会社当社

対 象 資 産 の 区 分	1	42条の12の7第(**1**)項 68条の15の7第( )項	42条の12の7第( )項 68条の15の7第( )項	42条の12の7第( )項 68条の15の7第( )項
事 業 の 種 類	2	製造業		
(機械・装置の耐用年数表の番号) 対 象 資 産 の 種 類 等	3	( ) ソフトウェア	( )	( )
対 象 資 産 の 名 称	4	製造ラインシステム		
取 得 等 年 月 日	5	5・1・1	・・	・・
事業の用に供した年月日 又 は 支 出 年 月 日	6	5・1・1	・・	・・
購 入 先 又 は 支 出 先	7	株式会社他社		
取得価額又は支出した金額	8	10,000,000 円	円	円
取得価額等の合計額が300億円又は500億円を超えることによる修 正 取 得 価 額 等	9			
特 別 償 却 率	10	(3 0)又は5 0 / 1 0 0	3 0又は5 0 / 1 0 0	3 0又は5 0 / 1 0 0
特 別 償 却 限 度 額 ((8)又は(9)) × (10)	11	3,000,000 円	円	円
償却・準備金方式の区分	12	(償却)・準備金	償却・準備金	償却・準備金
適用要件等	主務大臣の認定を受けた年月日	13	3・12・1	・・	・・
	主務大臣の確認を受けた年月日	14	3・12・1	・・	・・
	特定ソフトウエアの新増設又はソフトウエアの利用に係る費用の支出の有無	15	(有)・ 無	有 ・ 無	有 ・ 無
	産業試験研究用資産に該当するかの区分	16	該 当・(非該当)	該 当・非 該 当	該 当・非 該 当
	取得価額等の合計額	17	10,000,000 円	円	円
	その他参考となる事項	18	情報技術事業適応設備に該当		

■別表16(1)

旧定額法又は定額法による減価償却資産の償却額の計算に関する明細書			事業年度 又は連結 事業年度	令和 4・4・1 令和 5・3・31	法人名	株式会社当社				別表十六(一)

別表十六(一)　令三・四・一以後終了事業年度又は連結事業年度分

資産区分	種　　　類	1	ソフトウェア				
	構　　　造	2	製造ラインシステム				
	細　　　目	3					
	取　得　年　月　日	4	令 5・1・1	・・	・・	・・	・・
	事業の用に供した年月	5	令 5・1	・	・	・	・
	耐　用　年　数	6	5 年	年	年	年	年
取得価額	取得価額又は製作価額	7	外　　　円 10,000,000	外　　円	外　　円	外　　円	外　　円
	圧縮記帳による積立金計上額	8					
	差　引　取　得　価　額 (7) － (8)	9	10,000,000				
帳簿価額	償却額計算の対象となる期末現在の帳簿記載金額	10	3,000,000				
	期末現在の積立金の額	11					
	積立金の期中取崩額	12					
	差　引　帳　簿　記　載　金　額 (10) － (11) － (12)	13	外 3,000,000	外	外	外	外
	損金に計上した当期償却額	14	3,500,000				
	前期から繰り越した償却超過額	15	外	外	外	外	外
	合　　　　　　計 (13) ＋ (14) ＋ (15)	16	6,500,000				
当期分の普通償却限度額等	残　存　価　額	17					
	差引取得価額 × 5% (9) × 5/100	18					
	旧定額法の償却額計算の基礎となる金額 (9) － (17)	19					
	旧定額法の償却率	20					
	算　出　償　却　額 (19) × (20)	21	円	円	円	円
	増　加　償　却　額 (21) × 割増率	22	(　　　)	(　　)	(　　)	(　　)
	計 (21) ＋ (22) 又は((16) － (18))	23				
	算　出　償　却　額 (18) － 1円 × 12/60	24				
	定額法の償却額計算の基礎となる金額 (9)	25	10,000,000			
	定　額　法　の　償　却　率	26	0.200 (3/12)			
	算　出　償　却　額 (25) × (26)	27	500,000 円	円	円	円
	増　加　償　却　額 (27) × 割増率	28	(　　　)	(　　)	(　　)	(　　)
	計 (27) ＋ (28)	29	500,000			
	当期分の普通償却限度額等 (23)、(24) 又は (29)	30	500,000			
当期分の償却限度額	特別償却限度額	租税特別措置法適用条項	31	42 条の17第1 0.300 項	条　　項	条　　項	条　　項
		特別償却限度額	32	外　　円 3,000,000	外　円	外　円	外　円
	前期から繰り越した特別償却不足額又は合併等特別償却不足額		33				
	合　　計 (30) ＋ (32) ＋ (33)		34	3,500,000			
	当　期　償　却　額		35	3,500,000			
差引	償却不足額 (34) － (35)		36				
	償却超過額 (35) － (34)		37				
償却超過額	前期からの繰越額		38	外	外	外	外
	当期損金認容額	償却不足によるもの	39				
		積立金取崩しによるもの	40				
	差引合計翌期への繰越額 (37) ＋ (38) － (39) － (40)		41				
特別償却不足額	翌期に繰り越すべき特別償却不足額 ((36) － (39)) と ((32) ＋ (33)) のうち少ない金額		42				
	当期において切り捨てる特別償却不足額又は合併等特別償却不足額		43				
	差引翌期への繰越額 (42) － (43)		44				
	翌期繰越額の内訳	・・・	45				
		当　期　分　不　足　額	46				
	適格組織再編成により引き継ぐべき合併等特別償却不足額 ((36) － (39)) と (32) のうち少ない金額		47				

備考

■別表6⑶2⁾

事業適応設備を取得した場合等の法人税額の
特別控除に関する明細書

事業年度	令和 4・4・1 令和 5・3・31	法人名	株式会社当社

別表六(三十二)　令三・八・二以後終了事業年度分

特 定 税 額 控 除 規 定 の 適 用 可 否 (別表六(七)「3」、「7」若しくは「10」の要件のいずれかに該当する場合又は中小企業者若しくは農業協同組合等である場合)										可

措法第42条の12の7第4項から第6項までの該当項	1	第 4 項		第　項		第　項		第　項		第　項
事　業　種　目	2	製造業								

情報技術事業適応設備等の明細及び事業適応繰延資産の明細	生産工程効率化等設備等資産区分	種　　類	3	ソフトウェア								
		構造、用途、設備の種類又は区分	4									
		細　　目	5									
	取得価額	取 得 年 月 日	6	令 5・1・1	・・		・・		・・		・・	
		事業の用に供した年月日	7	令 5・1・1	・・		・・		・・		・・	
		取得価額又は製作価額	8	円 10,000,000	円		円		円		円	
		法人税法上の圧縮記帳による積立金計上額	9									
		差 引 改 定 取 得 価 額 (8)-(9)	10	10,000,000								

事業適応繰延資産の明細	支 出 年 月 日	11	・・		・・		・・		・・	
	支 出 し た 金 額	12	円	円		円		円		円

法 人 税 額 の 特 別 控 除 額 の 計 算

調 整 前 法 人 税 額 (別表一「2」又は別表一の三「2」若しくは「14」)	13	円 5,000,000	事業適応繰延資産	当 期 税 額 控 除 可 能 額 ((23)と(24)のうち少ない金額)	25	円
取 得 価 額 の 合 計 額 ((10)のうち情報技術事業適応設備に係る額の合計額)	14	10,000,000		調整前法人税額超過構成額 (別表六(六)「7の㉒」)	26	
同上のうち産業競争力の強化に著しく資する情報技術事業適応の用に供するものに係る額	15			当 期 税 額 控 除 額 (25)-(26)	27	
税 額 控 除 限 度 額 ((14)-(15))×3/100+(15)×5/100	16	300,000	生産工程効率化等設備等	取 得 価 額 の 合 計 額 ((10)のうち生産工程効率化等設備等に係る額の合計額)	28	
当 期 税 額 基 準 額 (13)×20/100	17	1,000,000		同上のうちエネルギーの利用による環境への負荷の低減に著しく資するものに係る額	29	
当 期 税 額 控 除 可 能 額 ((16)と(17)のうち少ない金額)	18	300,000		生産工程効率化等設備等税額控除限度額 ((28)-(29))×5/100+(29)×10/100	30	
調整前法人税額超過構成額 (別表六(六)「7の㉒」)	19			当 期 税 額 基 準 額 残 額 (13)×20/100-(18)-(25)	31	
当 期 税 額 控 除 額 (18)-(19)	20	300,000		当 期 税 額 控 除 可 能 額 ((30)と(31)のうち少ない金額)	32	
支 出 し た 金 額 の 合 計 額 ((12)の合計)	21			調整前法人税額超過構成額 (別表六(六)「7の㉒」)	33	
同上のうち産業競争力の強化に著しく資する情報技術事業適応を実施するために利用するソフトウェアのその利用に係る費用の額	22			当 期 税 額 控 除 額 (32)-(33)	34	
繰延資産税額控除限度額 ((21)-(22))×3/100+(22)×5/100	23		法 人 税 額 の 特 別 控 除 額 (20)+(27)+(34)		35	300,000
当 期 税 額 基 準 額 残 額 (13)×20/100-(18)	24					

機 械 設 備 等 の 概 要

【編者紹介】

アクタス税理士法人

アクタスグループは，税理士，公認会計士，社会保険労務士，システムコンサルタントなどの専門家約180名で構成する会計事務所グループで，東京（赤坂，立川），大阪及び長野の計4拠点で活動している。

中核となる「アクタス税理士法人」では，税務申告，連結納税，国際税務，組織再編，企業再生，相続申告など専門性の高い税務コンサルティングサービスを提供している。また，人事労務業務を提供する「アクタス社会保険労務士法人」，人事戦略コンサルを提供する「アクタスHRコンサルティング㈱」，システムを活用した業務改善コンサルを提供する「アクタスITソリューションズ㈱」と有機的に連携し，経理，人事，総務業務のワンストップサービスを提供している。

「常にお客様の立場で考え，独創的な発想で，満足度の高いサービスを提供し，お客様の成長と発展のために行動する」ことをモットーとしている。

連絡先
アクタス税理士法人
〒107-0052　東京都港区赤坂4-2-6　住友不動産新赤坂ビル
電話　03-3224-8888
FAX　03-5575-3331
URL　https://www.actus.co.jp/
Mail　info@actus.co.jp

【執筆者一覧】

税理士　石井　信行

税理士　板垣　貴之

税理士　岩下　智之

税理士　丸山　敏幸

税理士　時岡　奏多

特別償却 or 税額控除 ？
ケースでわかる中小企業が使える優遇税制の選択

2022年6月20日　第1版第1刷発行

編　者　アクタス税理士法人
発行者　山　本　　　継
発行所　㈱中　央　経　済　社
発売元　㈱中央経済グループ
　　　　パ ブ リ ッ シ ン グ

〒101-0051　東京都千代田区神田神保町1-31-2
電話　03 (3293) 3371 (編集代表)
03 (3293) 3381 (営業代表)
https://www.chuokeizai.co.jp
印刷／㈱堀 内 印 刷 所
製本／㈲井 上 製 本 所

© 2022
Printed in Japan